创意 时尚与设计

北京文化创意产业小型个案考察

龚小凡 主　编

时娟娟 副主编

北京大学出版社
PEKING UNIVERSITY PRESS

图书在版编目（CIP）数据

创意、时尚与设计：北京文化创意产业小型个案考察/龚小凡主编.
—北京：北京大学出版社，2012.10
ISBN 978-7-301-20301-9

Ⅰ.①创…　Ⅱ.①龚…　Ⅲ.①文化产业－调查报告－北京市
Ⅳ.①G127.1

中国版本图书馆CIP数据核字（2012）第029969号

书　　　名：创意、时尚与设计：北京文化创意产业小型个案考察
著作责任者：龚小凡　主编
组 稿 编 辑：王炜烨
责 任 编 辑：王炜烨
封 面 设 计：孙瑜婕
标 准 书 号：ISBN 978-7-301-20301-9/G·3372
出 版 发 行：北京大学出版社
地　　　址：北京市海淀区成府路205号　100871
网　　　址：http://www.pup.cn　电子信箱：zpup@pup.pku.edu.cn
电　　　话：邮购部62752015　发行部62750672　编辑部62750673
　　　　　　出版部62754962
印　刷　者：北京汇林印务有限公司
经　销　者：新华书店
　　　　　　730毫米×980毫米　16开本　13.5印张　140千字
　　　　　　2012年10月第1版　2012年10月第1次印刷
定　　　价：42.00元

目 录

Content

序

金元浦

龚小凡教授主编的《创意、时尚与设计：北京文化创意产业小型个案考察》是一本主题鲜明而富于特色的文化产业调研报告集。温家宝总理在2011年十一届全国人大第四次会议上的《政府工作报告》中指出，我国今后要进一步大力发展文化产业，培育新型文化业态，推动文化产业成为国民经济支柱性产业。国家"十二五规划"也明确提出：推进文化产业转型升级，推进文化科技创新，改造提升传统产业，提高文化产业规模化、集约化、专业化水平，培育发展新兴文化产业。这一规划视野宏阔，立意高远，问题抓得准，为今后文化产业的发展指明了方向。

北京是全国最先积极发展文化创意产业的城市之一。在北京建设中国特色世界城市的远景目标中，在使北京成为21世纪世界最重要的高新技术信息产业之都、文化创意之都的建设中，北京文化创意产业将更加大有作为。

对北京文化创意产业的研究一直伴随着北京文化创意产业的发展。以实践中的典型案例为对象的个案研究是文化产业研究中不可或缺并有着迫切需求的重要方面。这本《创意、时尚与设计：北京文化创意产业小型个案考察》是北京文化创意产业案例研究中一个可喜的新收获。

将创意、设计与产业联系起来进行考察研究是该书的一个突出特色。在北京文化创意产业的九大分类中，设计服务是其中的一个重要方面。设计在提升经济发展中的创造性及其文化内涵方面的作用已有成功的国际经验，设计在我国文化创意产业发展以及产品制造业中的作用也正受到前所未有的关注。然而在已有的研究中，专门针对设计服务在北京文化创意产业中的现状以及作用的专题研究一直是一个较为薄弱的部分。这本个案集是北京文化创意产业研究中主要集中于设计服务的第一部小型案例集。

龚小凡教授近年一直致力于设计与文化创意产业的研究，该书中涉及的创意T恤、创意市集、创意火柴、创意笔记本等在文化创意产业的创意设计中都是具有代表性的案例，从一个侧面反映了设计在北京文化创意产业中的现状与发展态势，并引起人们对设计在北京文化创意产业发展中作用的更多关注，在以往较为薄弱的研究领域提供了一个来自当下现实的研究成果。

选取北京文化创意产业中那些小型的、具有创新特色的文化企业作为考察对象，能够见微知著，一叶知秋，窥见北京文化创意产业发展的实际。在过去的文化创意产业的案例研究中，人们往往更关注那些具有较高知名度和较大社会影响的企业和个案。其实，那些倚重知识、文化资源及创意的中小企业是文化创意企业中一支不可忽视的力量，特别是那些默默生长发展的民营小型企业，往往没有政府背景，缺少融资渠道，它们的发展状态较少被人关注和了解。而这本案例集对它们的生存现状，对它们在现实发展中表现出的创造性以及所遇到的问题的真实描述，是北京文化创意产业研究中十分重要的基础性工作，是对北京文化创意产业研究整体格局的一个重要补充。对这些案例的选择显示了主持者龚小凡教授敏锐的目光与独特的研究视角。

与时下的许多案例相比，这本报告集还体现出一种年轻人的朝气与活力。这本集子中的案例，如书吧、创意市集、动漫衍生品等等，无论是这些企业的创业者，还是产品的生产者或是消费者，大都以年轻人为主体。包括这些案例考察活动的参与者也都是龚小凡教授指导下的研究生。都市年轻人活泼敏感，乐于追求和接受新事物，是当代文化创意产业的重要参与者和接受群体。因而，在这些案例中所体现的都市年轻人的兴趣和热情，以及他们对时尚、对新的生活方式与理念的理解与表达，也成为这本集子的一个鲜明特色。

这本案例集所采用的田野调查的方法是文化创意产业研究中值得推荐的方法。它所具有的亲历性以及细致扎实的作风在这些案例研究中表现得十分突出。

龚小凡教授近年来孜孜不倦，她在文化创意产业的理论及实践研究方面所做的扎实而勤奋的工作，必将得到更多同行和更多年轻人的关注与肯定。我们有理由期待龚小凡教授及其团队有更多更好的成果问世。

2012年4月2日于北京

创意设计创造当代新生活
——关于《创意、时尚与设计：北京文化创意产业小型个案考察》

龚小凡

自21世纪初确定发展文化产业的战略思路以来，我国文化产业快速发展，至今已成为国家重要战略性产业。北京将文化创意产业作为社会经济发展的支柱产业和引擎，走在中国创意经济与文化产业发展的前列，其作为创意城市的形象正日益凸显。目前北京提出了建设世界城市的远景战略目标。在这一目标的第一阶段2010—2025年，北京将建成世界级科技信息中心、金融中心和创意中心。在北京新的战略目标与发展阶段中，释放北京的文化原创力，大力发展文化创意产业，是北京建设世界城市的重要内涵。伴随着文化创意产业的蓬勃发展，对既有经验与教训的总结、对问题与对策的研究及对未来趋势的前瞻，都成为文化创意产业研究中十分迫切的现实课题。

以案例研究为代表的实证研究是文化创意产业研究的重要方式，它通过典型个案的描述与解析，揭示特殊事件中所蕴涵的普遍意义。本书便是一本关于北京文化创意产业的案例集，包括10个个案调研报告，它们以北京文化创意产业中的小型文化企业为考察对象，选取那些新兴的、与设计相关而富于创意、生产经营灵活，具有新的业态特征与文化内涵的生产及服务业类型，我们希望以此为北京文化创意产业提供真实的现状描述与专业调研，从而有助于人们了解设计在服务北京文化创意产业中的现状与未来发展空间。

设计是20世纪发展最快也最为引人注目的领域之一，其在经济生产和社会生活中的地位与影响日益凸显，设计从社会边缘正迅速向中心移动。第十一届全国人大第三次会议上首次将大力发展工业设计写入《政府工作报告》，这对设计来说是一个具有历史意义的标志。在"十一五"期间，北京将设计服务列为北京文化创意产业九大类别之一，而九大类别的其他领域如文化艺术、新闻出版、广播影视、广告会展中其实也都有设计的覆盖，因此无论在北京文化创意产业未来的发展中，还是在调整转变经济发展结构、从"中国制造"迈向"中国创造"的过程中，设计都将大有作为。本书的调研正是从创意与设计的角度对北京文化创意产业所做的一次集中考察。与通常的文化产业案例研究相比，本书的个案调研有如下几个特点：

一、以北京文化创意产业中小型的、新兴特色文化企业为对象。本书中所考察的书吧、DIY手工店、格子铺等，相比受到政府支持及社会广泛关注的动漫、影视、时装等文化创意产业中的"大角色"，它们是来自民间田野的"小角色"，没有"事转企"的历史与政府背景，在新的经济与市场环境中自发生长，常常在社会与媒体的聚光灯之外而被人们所忽略。它们往往只需三五十平米、三五个员工、几十万乃至几万元就可以开张干起来。但在这些"小角色"身上却蕴涵着新的产品理念、经营模式以至生活方式：书吧体现了新的阅读理念即"悦读"与休闲生活的融合，书吧出售的产品主要不是书，而是特定的休闲空间与其中的体验过程；格子铺与创意市集是机动灵活地展示与交流创意产品的模式与平台；DIY手工店在忙碌嘈杂的现代生活中给人带来一种安静悠闲的慢生活。它们的产品具有手工操作、小批量生产及非物质形态的特点，正应合着合理使用材料与资源的低碳绿色生产与生活的理念。

这些小型创意企业富于特色与创意的产品理念与经营运作方式，使它们的存在往往不符合既有的概念与行业、产业界定，这一现象本身正体现了实践的发展与现实自身的创造性。它们以启动资金少、经营方式灵活、产品富于创意而成为北京文化创意产业中充满活力的新生力量，为文化创意产业中的中小企业及个人创业提供了借鉴与启示。它们表明，文化创意产业的发展不仅仅需要政府的扶持与开路，也不能仅凭几个大项目的支撑，那些来自民间、应合时代需求而自发生长的中小型企业是文化创意产业发展中不可忽视的重要力量。

二、关注小型日常生活产品及其产品中的创意设计。书中个案涉及的产品大多是人们日常生活里身边、手边的日用小物件：一册笔记本、一只相框、一件T恤。这些产品注重创意与个性，通过设计提高产品的附加值，并创造出新产品。在本书的个案调研中，创意火柴从传统火柴中脱颖而出，从仅有实用功能的日常生活物品成功转换为具有文化、艺术内涵的时尚玩品，使一个衰落的产品获得了新的生命；"小协奏曲"个性笔记本与"兴穆"手工笔记本以书籍设计的概念来做笔记本，改变了传统笔记本的形象，使其成为富于艺术气质与魅力的设计产品。通过这些案例人们可以看到，正是通过设计使种种创意的"点子"具有了现实形象，并转换为市场价值。

伴随着消费社会产品的非功能化趋向，产品设计有了更大的需求与空间，通过设计赋予产品的多重内涵使产品获得了包括符号价值在内的更具市场竞争力的多重价值，设计在当代产品价值构成中的作用与意义正日益凸显。本书案例涉及的日常生活产品，如创意市集、格子铺、手工DIY的产品，将"创意"和"设计"平民化，使民间的个人创造性得以充分释放。这些产品从制作、流通到消费，来自民间，服务于大众，倡导和体现了一种人人皆可参与的平民设计、草根设计。创意市集使地摊成为时尚的另类先锋，体现了民间对更自由的创意空间、更便捷的交易平台的渴求。以创意市集、格子铺、手工DIY为代表的活动及产品体现了一种审美化及富于创造性的日常生活，使创意与产品、艺术与生活、文化与经济融为一体，它们自身作为创意的动感空间与鲜活载体也成为北京城市新文化的一个独特组成部分。

三、亲历现场的真实鲜活信息和细致生动而专业的描述。对调研对象的直接考察与亲身体验是本书个案调研的一个突出特点。本书的10个调研报告没有一个是仅仅凭借既有资料汇编而成的，每一个报告都有调研者亲历现场，亲身观察、体验、采访的第一手材料。为了得到尽可能真实的信息，对店主、员工以及消费者的采访与交谈，往往都需要多次的接触与沟通，以取得他们的信任与配合。调研者亲历的交谈、采访，包括亲手所拍的照片，使调研获得了真实鲜活的信息与资料。

对调研对象细致生动的描述是本书的又一特点。调研者对考察对象的各个方面，从产生、发展到现状，从生产、销售到消费的各个环节，从产品到生产者、销售者及消费者，从店铺的环境、投资、运营及效益都进行了细致的考察与描述，同时根据文字内容配发了大量图片，使考察对象得到具体而生动的呈现。

本书的调研者都是艺术设计学专业的教师与研究生，以专业眼光对考察对象及内容所做的专业性描述也是本书的一个特点。无论对考察对象的环境及外观视觉形象，室内空间及陈设，器物、灯光以至氛围，还是对手工笔记本、个性笔记本的规格、材质、装订方式，都有独到而专业的观察与描述。

这十个报告所反映的是北京文化创意产业的一个小小侧面，但却是一个充满活力和发展潜质的方面，对于北京文化创意产业的发展、北京作为创意城市和世界城市的发展来说，它只是一个小小的写真记录。希望在未来，我们与所有热爱现实生活、热爱这个城市的人一起为它的发展与进步做更多的事情。

2012年4月12日于北京

书吧的"悦读"与体验

——北京地区书吧调研报告

调研时间：2009年5月—2010年10月

调研地点：三味书屋　旁观书社　光合作用书房　读易洞书房

　　　　　参差咖啡书吧

　　说到"书吧"一词，不得不提及当下的吧文化。"吧"为外来语，译自英语bar（酒吧），过去单指酒吧，近年来，除了书吧，还有迪吧、琴吧、陶吧、氧吧、网吧等的出现，都叫"吧"，于是"吧"就成了具有特定功能的小型休闲场所的代名词。

书吧，顾名思义，就是指拥有读书功能的小型休闲场所。与传统书店比较，它的特点是：

第一，它提供了特定的休闲场所和服务。具体来说，它在售书的同时，还提供咖啡、茶等各种饮料的服务，同时提供相应的休闲空间为读者所使用。

第二，在空间布局上，不再是传统书店那样以书籍陈列为主，而是将休闲空间和书籍陈列空间融合起来。在书吧中，除了书籍的陈列，还摆放舒适的桌子坐椅，以供顾客阅读与休闲。

总体看来，书吧与传统书店相比其主要优势在于扩展了服务对象与服务范围，它不仅向消费者提供作为有形产品的书籍和饮料，同时还提供作为无形产品的休闲空间、舒适氛围及快乐阅读的体验。与传统书店相比，书吧更契合当代生活方式，是生活时尚化在阅读及书籍销售经营领域的体现。它将休闲文化和读书文化巧妙地融合在一起，既体现了一种新的阅读方式，也体现着一种新的休闲方式。

书吧里书的品种没有图书馆那么多，书的数量没有书店那么大，但在书吧里看书不像在图书馆看书那么压抑，不像在办公室里、家里看书有那么多电话或其他种种干扰。在书吧里，可以一边喝咖啡一边看书，还有机会与书友聊天、相互讨论。以这种方式泡吧，既时尚又放松。由于兴趣爱好上的趋同，它可能催生许多"同好"和"道友"，这有点像国外由各类爱好者建立的俱乐部。对于时下不少都市年轻人来说，书吧是现代都市阅读体验的首选。据《中国青年报》社会调查中心2010年对2160人进行的调查显示，被调查者中67.3%的人表示身边有人经常泡书吧，其中80后占63.0%，

70后占26.1%。

目前国内的书吧主要集中在经济文化相对发达的地区，国内最早兼有卖书与阅读休闲性质的书吧出现于20世纪80年代的北京，距今已有二十余年的历史。北京作为著名的文化之都，与书籍相关的文化市场一直很兴盛，这些年北京地区的书吧一直有较为持续、稳定的发展，在全国书吧业中具有代表性。此次调研的内容涉及北京地区书吧的发展与现状，考察了北京书吧的选址、书吧的服务与体验、书吧的经营及顾客群体等内容，意在为北京文化创意产业的发展及研究提供参考借鉴。

一、北京地区书吧的产生及发展

北京地区书吧已有约二十年的发展历史，大致可以分为以下三个阶段：

1. 萌生阶段（1988—1999）

北京书吧是在1988年出现的，三味书屋是北京第一家具有书吧性质的书店，当时并没有书吧的概念和说法，只是为了满足一些买书的顾客聚会和看书的需求，提供书和茶以及简单的桌椅。进入20世纪90年代初期，在西城区和海淀区也陆续出现了一些书吧，到90年代中后期，更多书吧陆续在学院路、成府路、学府路一带兴起。而书吧作为一种新的生活及消费形式开始被一些人所接受。这些人不仅仅局限于90年代初期的那些知识分子以及需要安静读书环境的人，大学生及年轻人也开始成为书吧的顾客。这时的书吧尚处于最初的发展阶段。

2. 起步阶段（1999—2004）

从1999年到2004年，随着文化产业的兴起，海淀区、朝阳区这样的文化大区周边的书吧多了起来，一些书吧开始形成品牌效应。创建于福建的光合作用书房倡导"悦读"新概念，在店面内增设悦读咖啡馆，旨在书店营造书、咖啡、音乐环绕的读书、买书氛围。2003年，光合作用北京水木店诞生，并陆续在北京开设多家店面。这一时期北京书吧的发展，一方面是一些书店在卖书的同时增加饮品、休闲等服务；另一方面，一些咖啡店从经营咖啡到提供杂志和书，也有了书吧的特征。

在这五年里，北京书吧的规模开始扩大，已经完成初创和起步阶段，开始站稳脚跟并逐渐打开市场。

3. 发展阶段（2005—2009）

这个阶段的书吧业开始进入品牌时代，一些实力、产品、服务不具竞争力的店出现经营困难或干脆退出书吧业。同时这个时期也出现了一批行业的佼佼者，如三味书屋、万圣书园、光合作用书房、读易洞等书吧。它们形成了一定规模的连锁经营，并逐步形成品牌效应，有各自固定的消费群体。这些书吧融合了书籍购买与阅读、沙龙、休闲水吧等功能，成为一种适应北京地区人们生活方式及消费理念的书业及休闲新模式。相较前两个阶段，北京书吧已有较大的发展，形成了较为稳定的市场与消费群体。但一般大众对于书吧还不甚了解，有不少人甚至还没听说过，书吧的影响力仅局限在一个小众的群体里。

在1988年到2009年的二十余年间，北京地区的书吧经历了90年代初少数学人常去聚会的"茶馆模式"，90年代中后期作为一种休闲消费的"咖啡厅模式"以及2000年后以休闲体验为主导的"综合模式"三个阶段。北京书吧的发展，一方面得益于文化创意产业快速发展的社会文化大环境；另一方面，北京书吧从无到有到不断发展的历程，从市场方面有力地证明了书吧业不断扩大的社会消费需求，而且这种需求呈现上升趋势。

二、北京地区书吧现状

截止到2009年年底，据不完全统计，北京地区（城八区）书吧现有品牌店三十余家（不含分店），登记店面四十余家，其中不包括以经营酒类、咖啡、小吃为主要经营内容而兼具书籍销售的店。通过调查发现，具有10年以上经营历史的品牌店面共7家，其中3家有20年的经营历史，几乎见证了书吧行业的发展，而其余各家均有5年以上运营经验。

我们选取了以下五家北京地区具有特点和代表性的书吧进行调研，它们分别是：位于长安街的三味书屋、798艺术区内的旁观书社、五道口的光合作用书房、朝阳区华贸公寓写字楼区内的读易洞和学院路附近的参差咖啡，这五家书吧各具特色，是不同类型书吧的代表。

1. 三味书屋

三味书屋算得上北京最早的文人书店，开在长安街边民族文化宫对面的一条树荫茂盛的胡同口（图1、图2）。三味书屋正式成立于1988年5月，由于地处长安街，租金大约可达23000元/月左右，但书屋是店主刘元生、李世强夫妇自家的房产，因此没有支付租金的后顾之忧。之所以把它归为书吧，是因为它除了书屋外还有茶室。

楼下是书店，楼上是茶室。茶室实际上做成了沙龙，总有各种各样的活动，诸如研讨会、新闻发布会、讲座、新书首发式之类。三味书屋最吸引人的地方应该是它的氛围及学术特色，在这里可以找到好多年前的老旧版本，许多人带着怀旧感来这里，店内的中老年人要比青年人多。三味书屋一直给人很朴实的感觉，没有豪华的装饰，门槛很低，谁都可以进去。"我觉得搞文化不要华而不实。我们也会让它保持它的风格，本质的东西希望尽可能地多一点。"刘元生曾这样说。在对三味书屋的经营中，刘元生夫妇坚持把社会效益而不是把经济效益放在第一位。

图1 图2 三味书屋

2. 光合作用书房

光合作用文化传播有限公司1995年11月创立于厦门，公司注册资金700万，资产总额达2261万元，主要经营书刊、电子出版物零售及批发团购等业务。光合作用书房为光合作用文化传播有限公

图3 光合作用书房五道口店

司旗下品牌，致力于将书店环境营造成为由书、音乐、咖啡环绕的"读者的第二书房"，倡导"在书与非书之间，悦读延伸世界"的品牌理念。五道口的光合作用书房是其品牌在北京地区的代表（图3）。"悦读咖啡"是光合作用的著名理念。这里的图书种类广泛，时尚、流行的书刊总是被摆在最显眼的位置，突出了五道口年轻人居多的消费特点。二楼的一部分空间被独立出来，形成一个温馨的咖啡厅。读者买书之后，可以带书到那里尽情享受品咖啡读书的乐趣。一般情况下，这里总是座无虚席，而如果没有买书是不能进入咖啡厅的。五道口店的特点是依傍学院路，处于高校聚集的地带，有较大阅读、消费人群。其咖啡厅消费水平处于中档水平，人均35元左右。

光合作用书房有明确的经营理念与市场定位，其连锁经营形成的规模效应所带来的优势以及多年的经营管理经验使其成为书吧行业中的一个佼佼者。截止到2008年，光合作用文化公司在北京、上海、福建等地已有23家光合作用书房直营连锁店，其中在北京有8家。在23家连锁书店中有17家附设悦读咖啡馆。

3. 读易洞书房

读易洞书房的创始人叫邱小石。最初的读易洞书房坐落在杭州西湖的南岸，后来店主在北京也开设了读易洞书房（图4）。"读易洞"的名字来自四川一处景观的地名，取其"闭户即是深山，读书随处净土"之意。"读易洞"地处朝阳区华贸公寓写字楼区内，这里居住的大都是CBD区域内的企业高管和外籍人士，是许多外资跨国企业为长期出差员工预定的服务式公寓。除此之外，华贸3栋商务楼内有几十家中小企业在此办公，这些企业的员工也是这里的消费人群。位于其中的"读易洞"就像一片安静休闲的净土，为这里的人提供了一个超脱的休闲、交友、阅读场所。正如在"读易洞"的"豆瓣小组"上人们对它的描述，它是"无经济压力、个人乐趣、欲望节制的产物"。

进入书店，里面有沙发、植物、灯，还有鱼缸，以及精致茶艺、器具挨着台湾版图书的书架。店内的桌桌椅椅，乍看以为是某个北欧大家居店买来的，但其实全是店家自造，从中可以见出店家的精心与品位。环境的舒适不仅仅来自简洁安适的北欧风格家具陈设，还有自由的阅读空间和不被打扰的阅读环境（图5、图6）。点一杯35元左右的咖啡坐下来，你会发现，让你觉得舒适的不仅仅是这里的环境，咖啡的味道也非常到位。"你很想把全部的时间，都放在这家小小的书店里，因为这是值得的。"一位读者这样说。

吸引消费者的不仅是环境，还有"读易洞"的多种活动。2009年9月"读易洞"创办满三周年之时，书房做了一次"瞧，这人格"的主题活动，店主请来一些朋友，在"读易洞"做图书推荐，一人拥有一个书格，集中放格子主人推荐给读者的书籍，格子主人可定期调整更新自己格子的图书，也可成为持久的图书陈列。在书房之外，"读易洞"还有一个专卖音像的板块，背后还有一个影音室。每周两次，这里会播放不同的冷门电影。此外，"读易洞"还开办了一个"半晌文化沙龙"，为商业同行们提供社交场所。

图4 读易洞书房 ／ 图5 图6 读易洞书房内部

一个理解"读易洞"的消费者可能会对奢侈、浪漫的概念有新的理解，原来开宝马、悍马不算奢侈，开书吧最奢侈。不但奢侈，还浪漫，不计得失，为乐趣而活才是真浪漫。

4. 旁观书社

旁观书社 位于798艺术区798东街的拐角。走进书社，你会发现

图7 旁观书社内部

木地板是白色的，墙是白色的，白色的书架高高地直通到白色的屋顶，各种各样的书整齐地码在格子里，五颜六色、宽宽窄窄的书脊充满了格子空间（图7）。随意抽取一本书坐在窗前，服务生会很快端来一杯免费的柠檬水，轻轻地放下，轻轻地走开，可以看书不买书。旁观书社的店面不大，约80平米，布置得朴素而简洁，有序地陈列着影像、经济、文学、建筑、哲学等人文艺术学科类的图书。它是798艺术区内经营人文社科类图书的书店，而其他书店主要是经营画册等艺术图书。这里的人均消费约为40元，以书籍的消费为主，饮料的消费不占主要部分。据经营者介绍，有时会有影视剧组或唱片公司借用书社的场地，作为唱片首发签售会等活动的场所。据了解，旁观书社的店面租金为3.5元/平方米/天，租约年限是5年，平均是1万元/月。

5. "参差咖啡"

"参差咖啡"在北京理工大学附近，静静地坐落在路旁，与一些酒吧为邻，低调而安静（图8）。走进小店，你会发现这里不像一般的店，书、咖啡、音乐什么都有，但仿佛又都不是主角。所有东西都会集在一个不大的空间里，却让你感觉舒服而惬意，自由而亲切。这里的主人显然是个爱书之人，因为店里有一项特色服务，以旧书换咖啡。店里空间不大，座位不多，只有一个大沙发和两个小桌围坐，怎么看都不像对外开放的店面，倒像是自家的小客厅，一切都那么亲切自然，没有丝毫做作（图9、图10）。正因此，这里总也不乏顾客。

图8 "参差咖啡"外部 ／ 图9 图10 "参差咖啡"内部

现将以上五家不同规模和类别的书吧在资金、书籍、饮品等方面的情况比较如下，如图表1所示：

	旁观书社	三味书屋	光合作用（连锁店）	读易洞	参差咖啡
创立时间	2008年	1988年	1998年	2008年	2004年
企业性质	个体店主	个体店主	个体店主	个体店主	个体店主
店面面积	约80平米	约300平米	约400平米（五道口店）	约100平米（华贸公寓店）	约40平米
工作人员	1个	2个	6个	2个	1个
书　价	原价	原价	会员打折	原价	旧书换咖啡
饮料及卖品	咖啡及饮品	茶	咖啡、饮品及茶	咖啡、饮品、茶、酒及小吃等	咖啡、饮品、茶及小吃等

地理位置	798艺术区	长安街	五道口高校学区	CBD商务区	海淀区高校区域
图书类型	文学、艺术类（新书）	政治、文艺、哲学等（新书）	基本全类型及音像制品（新书）	文学、艺术、哲学、宗教、外文、综合、影像等（新书）	文学、艺术、哲学等（旧书）
外观及室内陈设	简洁	古朴	现代时尚	现代时尚	个性化
空间色调	白、暖色调	暖色调	暖色调	冷色调	暖色调

表1 五家书吧概况对比表

　　以上面五家书吧为代表，可以看出北京地区书吧一般开在文化及消费环境较好的位置，注重为消费者提供舒适宜人的阅读、休闲环境，书籍类型以人文、艺术类为主，并提供以咖啡、茶为主的饮品。书吧比一般书店，特别是国有书店的规模小，其业主多为个体经营者，在经营方式上更为灵活，也更具个性。相比传统书店刻板的形象，书吧是充满活力的新生力量。

三、北京地区书吧的特点

　　尽管北京各个书吧在规模、风格定位、消费者群体及经营方式上不尽相同，但同时也有着一些显而易见的共同之处，主要有以下几点：

1.外部环境与书吧的风格与定位

　　书吧经营能否成功，选址很重要，因为不同的外部环境带来的客源不同，因此，成功的书吧都是针对周围客人的喜好，决定书吧的内容和风格的。在我们所调研的五家书吧中，有稳坐长安街，以历史、社会等人文内涵为主要文化关注点的三味书屋；有身处大艺术区以旁观者清为理念的旁观书社；更有身处学院旁以"悦读"

为理念的光合作用书房……这些成功的典型，也都是与环境结合的典范。

以三味书屋为例，它地处长安街边，周围是著名建筑和老城遗珍，因此古色古香成了它的代表气质。灰色的外砖墙，红色的汉隶味儿大字招牌，越发将这种感觉突现出来。推开带有古铜门环的大木门，便看到两扇顶有"德不孤必有邻"匾额的门，墙面上一块不小的板面钉满了便利贴，上面写着各种各样的祝福或感受。这都是到这里看书的人留下的。有着原汁原味"中国味儿"的三味书屋对于中老年及有怀旧感的顾客有着特别的吸引力。

在根据不同环境与消费群体进行市场定位经营书吧方面，读易洞书房也是一个代表。

读易洞书房华贸公寓店的周边环境休闲而时尚，左邻美发店，右邻全北京最大的意大利食品专卖店以及奢华品密集的新光天地购物中心。"读易洞"根据地理位置和读者对象，将书店定位为社区书店。书店老板说："我们华贸公寓社区中约住有两万户人家，我只要把他们服务好，有5%～10%的人到我这里购书，我就成功了。"事实上，这个书店确实成为社区很多爱书者吃完晚饭，走出家门散步兼淘书的好去处，甚至成为聊天交友的场所。

2. 室内环境与"悦读"理念

对于书吧来说，最需要创造出的是一种"悦读"的文化氛围。大多书吧给人的感觉是轻松、安适而有美感的。沙发、木桌，点缀着错落有致的书架，柔和温暖的灯光，几只干花，这就构成了一个书吧的整体框架。书架围着小桌，沙发包着书架，"书"与"吧"浑然一体，共同构成一个有机的整体。

图11 图12 读易洞书房内部

从设计的角度来看，和谐是书吧装修、陈设的主要原则。通过设计营造空间与人最大程度契合的氛围，给人安闲舒适的感觉。以读易洞书房为例，读易洞华贸店的格局如家居一般，七八十平米的空间中，读书者所需的一切都有了，书、桌、椅、沙发、洗手间，以及冲泡咖啡的厨房。除了窗边供座谈的沙发小桌，还有可以合书小憩的软椅，书架后头的角落里有可以让一个人埋头研读的空间。在书架中间还穿插有摆放各种小物件的架子，上面散落着一些店主的小收藏：瓷器、茶具、小玩意儿……都给这个空间增添了丰富和活泼的气氛（图11、图12）。

休闲当然离不开音乐，音乐是书吧软环境中一个不可忽略的要素。书吧一般都会选择比较舒缓飘逸的曲子，书吧中的音乐以轻音乐、蓝调、爵士乐、古典民乐等为主。在"读易洞"有一间独立出来的小房间，里面满是国外的原版音乐CD，这里会定期举办专题音乐播放活动，《乔治·本森专辑》以及其他专辑的音乐，都曾在这里回荡。

3. 书籍种类及特点

书吧里的书大致分两种，一种是时下热销的书，另外一种是经典名著，都是精心挑选出来的。在我们调研的五家书吧中，除了光合作用书房的书籍种类比较齐全之外，其他各书吧都以文学艺术类书籍为主要书籍类型，包括文学、美术、建筑、音乐、电影、摄影、时尚生活等。同时，书吧也很关注时代发展和潮流走向，社会上近期流行的书籍很容易在书吧里找到。书吧中的书有相当一部分是图文并茂，或以图为主的，其中不少书有大量大幅彩图，使人能够轻松阅读。有些书吧拥有一些绝版的旧书，多数为主人的收藏，大都是精品。

4. 书吧的饮品消费

书吧里的饮品种类一般并不是很多，主要是咖啡、茶水、饮料、鸡尾酒等。在调查中发现，很多顾客去书吧主要是为了享受那里的氛围和淘书，真看到想买的书，则会选择到网上购买，因为网购会有折扣，书价更便宜。因此，许多书吧的消费主要集中于饮料和其他服务项目。在书吧的饮品中，咖啡所占的比重较大。有的书吧只提供几种简单的饮品，而有的书吧饮品则十分丰富。如"参差咖啡"提供的饮品包括单品现磨黑咖啡、花式热咖啡、冰咖啡、茶等类型，而一个类型之下又有多种不同口味。如花式热咖啡有卡布奇诺、拿铁、香草拿铁、榛果拿铁、焦糖拿铁、玛奇哈多、香草玛奇哈多、榛果玛奇哈多、焦糖玛奇哈多、康宝兰、摩卡奇诺、维也纳咖啡等多种口味，而茶品中有英式红茶、伯爵茶、香草伯爵、日式煎茶、韩式麦香茶、薄荷茶、女士果味伯爵茶、蓝莓情深、放肆情人、普洱红茶、茉莉绿茶、柠檬红茶等口味。

书吧中饮品的价格较一般休闲场所（例如星巴克）的饮品价格稍贵。例如：在星巴克，拿铁咖啡大杯的价格为26元、中杯23元、小杯19元；卡布奇诺大杯的价格为26元、中杯23元、小杯19元，摩卡咖啡大杯的价格为29元、中杯26元。而在读易洞书吧，所有咖啡均为小杯，卡布奇诺35元、拿铁40元、摩卡45元（图13）。由此可见其价格不菲，但许多顾客认为那里咖啡的品位还是让人感觉物有所值。

5. 经营方式

（1）会员制

许多书吧推行顾客会员制，会员制可以挽留回头客，增加营业收入，同时也体现了顾客对书吧价值的认同。实行会员制最久也最成功的是光合作用书房，其具体做法为：一次性现金消费满380元，一年内累计现金消费满500元，即可凭消费小票申办悦读卡，加入悦读俱乐部。凭悦读卡至光合作用书房各连锁店消费可享九折优惠，会员均可免费参与书房举办的读书论坛、文化沙龙、讲座等

图13 "读易洞"饮品报价单

活动，享受第一时间短信或邮件告知相关活动信息、新书资讯等待遇，并享受其他专门针对悦读俱乐部会员推出的优惠活动。在所调查的五家书吧里，有两家实行会员打折制，而其余店家的书籍则按原价出售，这使书吧的书价成为现今普遍打折的书籍市场中的一块坚挺之石。

（2）宣传手段

各大书吧对于经营和宣传都各有方法，有的用宣传卡，有的用会员制，更多的是借助网络、杂志等媒体进行宣传。此外，还有很多书吧承办各类活动来保持文化氛围、增加知名度。例如，在三味书屋外面的窗子上，人们会看到近期各类讲座或交流沙龙的预告单，密密麻麻的，全是各大名家，时间排的也是满满当当。读易洞书房也会定期举办一些沙龙，如2009年12月的"特别漫画，漫漫前途"作者读者见面会，邀请了45位中国先锋漫画家，来自不同领域的顶尖创作人，围绕主题"前途"精心打造漫画合集。这些活动的进行都有助于提升书吧的社会形象与知名度。

此外，在书吧用来宣传和经营的手段中，以网络最为活跃。各大书吧在网上都有自己的"家"，有的是专门的网站，有的是专属博客，同时，还有各大网站的相应书吧粉丝群体，比如在豆瓣网上，关于书吧的专门帖子就有不少。这些都是书吧自我宣传以及与读者互动的平台，也是经营中所必不可少的。

书吧与传统书店一样，虽然都是卖书，但二者在产品及经营模式上有明显不同。相比传统书店，书吧提供的是一种更为综合性的服务，书吧不但有书，还有书之外的东西。这些东西不只是桌椅、咖啡，还有书吧的氛围、服务、活动等构成的软环境。与传统书店相比，书吧有自己的优势。

6. 经营者和顾客

（1）爱书的个体经营者

书吧的经营者多为爱书也爱与人分享这份恬淡喜悦的人，起初的经营也常常不单单是为了营业额，也为了那份感受和爱好，并借这样一个环境结识有缘之人。因而，多数书吧鲜明地体现了主人的品位与喜好，其中比较典型的是三味书屋和旁观书社。

三味书屋的店主李世强、刘元生夫妇，在20世纪的80年代，为了开办书店的十几万元，变卖了本来就不多的家产，再加上不多的积蓄，并且几乎把周围朋友的积蓄掏空。他们开办书店的目的就是让人们能够看到更多的好书，能够给喜欢看书的人们几张凳子坐。他们把开书店看做一件神圣的事情。

798艺术区内旁观书社的创办人吴敏女士，大学读的是理工科，第一份工作在航空航天事业部，后来就读于北大心理学系。曾开过一家名为"江湖"的餐馆，做了四年的江湖"女掌门"。2007年停了餐厅，但舍不得离开798，就选择开了这家小小的书吧。她总是一袭白衣，静静地坐在角落里看书或者写字。学过心理学和催眠术的吴敏很重视身心灵修，她常常对店员进行这方面的培训，以期让每一位客人都能在这里享受到身心的舒适。她说开书店是她选择的一种生活态度，与来店里的朋友分享彼此的思想与人生体验是最快乐的事。

（2）书吧的顾客

我们在调研中发现，来书吧的主要是25岁到35岁的青年人，也会有学生顾客到这里来，但毕竟学生族的收入有限，较难长期光顾。至于稍老的一些学者，对于书吧这类时尚的阅读消费只是偶尔光顾。但所有到这里的人，都是喜欢读书和这里气氛的人。喜欢这里的人，是因为这里不拘束，没有繁文缛节。认识的不认识的都可以愉快地谈天说地，这种放松自在的社交方式使得泡书吧变得既轻松又时尚。

此外，一些书吧会定期举办一些展览或讲座，还会放映电影、播放音乐，所以自然而然地就成了文艺青年的集合地。逐渐来参加沙龙和看电影的人比开始多了，原来多是一些学生，现在艺术家、职员、教师都会来参加。

四、北京书吧存在的问题

在调查中，我们也发现北京地区书吧存在的一些问题：

1. 书吧的经营与服务没有形成统一的标准

相对于其他行业，书吧是个新事物，因此没有相应的行业规范与准则。它不像一些行业如餐饮业有规范、严格、统一的评判标准。书吧的服务具有综合性，消费者在消费过程中无从客观判断其品质的高下，只能凭自己的主观感受评价其服务质量。

2. 书吧的书籍价格偏高，影响购买率

书吧是爱书之人的乐园，来书吧消费的人更多的是喜爱这里的氛围和书籍本身。许多书吧按原价出售书籍，不打折，面对现今网上书店折扣之风横行，必定会影响书吧的销售业绩。

五、书吧：重在"悦读"与体验

书吧集书店、酒吧、沙龙的功能为一身，书吧的出现是当代"悦读"理念、消费文化及新型体验经济的产物。书吧的阅读是一

种追求娱乐性和视觉快感的阅读，是注重阅读过程的感受与体验的阅读。书吧反映了当代经济发展的一个趋势，即当今的消费不再仅仅是物质产品的消费，同时还包括以服务和体验为主的非物质形态的消费。书吧所销售的不仅是书籍、饮料，还有作为休闲空间的舒适环境与氛围，它是体验经济在书业领域中的一种表现。书吧倡导一种舒适、快乐的阅读方式，引领一种健康、时尚的生活态度，它的阅读及休闲方式符合现代人追求时尚的生活方式，它的发展符合人们对更高、更丰富精神文化生活追求的需求。

从文化产业的角度看，与那些动辄几千万甚至上亿的电影、动漫大手笔相比，书吧属于启动资金少，经营方式灵活的小型文化创意产业。由于其对产品精神文化内涵的开发及其富于创意的运作方式，书吧正在成为当代具有良好发展前景的小型文化产业的新兴样态。

／梅雪娇　张昕鑫

自己动手的时尚生活

——北京地区DIY手工店调研报告

调研时间：2010年9月—2011年2月

调研地点：Hobby Town　清缘坊手工场　艺猎陶艺吧

　　　　　Hoya Boby礼品工坊

一、DIY手工店

　　DIY是英文Do It Yourself的缩写，可译为自己动手做，DIY原本是个名词短语，但也常常被当做形容词使用，意指"自助的"。DIY是20世纪60年代起源于西方的概念，原本指不依赖或聘用专业的工匠，利用适当的工具与材料自己动手进行居家住宅的修缮工作，后来也泛指自己动手制作各种物品。虽然它最初的起源难以追溯，但通常提到DIY用语的兴起，常常会归至一位英国电视节目主持人贝利·巴克尼尔（Barry Bucknell），是他最早明确定义了DIY的概念并大力推广，使得这个词广为人知。

　　DIY具有很多优点，既经济省钱，又使物品有独特的个性，并且在动手过程中感受到创造的乐趣。于是DIY便风靡起来，内容也变得包罗万象。DIY手工店便是DIY概念的一个衍生物。本调查报告中的DIY是指顾客利用体验策划者提供的原材料和技术，自行设计、制作和享用产品的全过程。而DIY手工店是指店主为顾客提供原材料、场地、培训支持，顾客自己设计、制作并消费产品的场所。

　　当越来越多的都市人为快节奏的繁忙工作所累时，一股渴望回归田园生活的手工怀旧之风在都市悄然刮起。在一项关于 2009年十大最值得投资的项目调查中，手工DIY项目排在第三位。随着社会上手工爱好者群体的逐步形成，手工DIY逐渐发展成为市场上商家淘金的一个新领域。

　　DIY手工店的兴起源于人们对童年时代的怀念和对美好生活的向往，随着人们文化生活水平以及对精神文化生活需求的不断提高，手工制作、创意DIY与其相关的周边产业正日益繁荣，越来越多的人开始让手工制作DIY融入自己的生活。一些中国传统的手工制作项目如剪纸、手工布艺等深受外国人喜欢，也因此催生了国内手工行业的繁荣，一些手工制作小作坊也因之发展起来。

二、北京DIY手工店

　　据不完全统计，在北京地区的DIY手工店的数量已经突破了100家之多，手工项目也从单一的十字绣、拼布扩展到如陶艺、银饰、木画、彩塑、蜡染、手工皂等数十种。DIY正演变为一种新型的消费方式，从传统的以生产者为主正逐渐向以消费者为主转变。

在DIY手工店里，顾客可以亲身体验制作物品的过程，让自己享受其中的乐趣。DIY手工店集人的创造力和时尚性于一体，正日渐成为都市人闲暇之余休闲娱乐的新去处，受到越来越多都市人的喜欢。

我们选取了四家北京地区具特点和代表性的DIY手工店进行了调研，它们分别是：海淀区五道口的Hobby Town DIY手工专营店、海淀区永定路的清缘坊手工场、西单钟声胡同内的艺猎陶艺吧和西单大悦城内的HoyaBoby礼品工坊。我们调研的这四家DIY手工店各具特色，基本上涵盖了北京DIY手工店的DIY种类及经营方式。

1. 基本情况

（1）Hobby Town

合璧堂（北京）文化发展有限公司（以下简称合璧堂），是一家主营手工休闲DIY产品的公司，成立于2008年，注册资金700万元。公司是集手工DIY项目研发与引进、产品生产、直营零售、连锁加盟、材料生产和批发为一体的综合性公司，也是中国最早推广手工DIY消费理念的机构。Hobby Town则是其公司旗下直营店的名称。

Hobby Town综合性DIY手工专营店位于北京海淀区五道口购物中心四层，店中专门售卖来自世界多个国家和地区的手工材料、工具，以及各种套装。走进Hobby Town店，可以看到货架上琳琅满目地摆满了做手工用的材料、工具，为了让顾客更直观清楚地了解各种材料和工具的用途，有的货架上还展示着成品。据了解，店中产品主要包括做手工的工具、原材料、套装和专业指导书四大类。具体又分为编织类、刺绣类、篆刻、版画、橡皮图章类、立体纸模类、纸艺类、绘画类、益智类等。具体如下表所示：

产品一级分类	产品二级分类	具体产品
编织类	编织用线	普林塞斯阿尼系列线　全棉彩线　编结用绳
	编织工具	金银钩针　竹制棒针　竹环行针　铝合金环形针
	辅料及其他	固定针　棒针帽　计数器　制绒球器　编花器　防解别针
刺绣类	刺绣工具	刺绣用卡子　打褶记号贴　戳戳乐笔形针　刺绣用胶粘
	刺绣材料及其他	手工艺用呢料（多色）　毛毡主题图案　手工艺原料
拼布类	拼布用线	手缝线　绣花线　真丝绣花线
	拼布用布	普罗旺斯花布　精致盒　布组　有轮布
	拼布用工具	剪刀　顶针　布艺用曲线裁刀　折花布工具　去线笔　缝纫用尺　布艺制作器
	转印缎带	转印缎带
	辅料	手包拉链
饰品类	吊坠类	满钻字母　半钻字母　立体吊坠
	吊链类	串带装饰　皮带　链条钥匙扣
	手链类	扣链类　扣环手链　手编扣环手链
彩绘型染类	DIY彩绘类	浪漫满屋　老爷车　快乐时光　生日蛋糕
	型染工具	海绵涂抹工具　型染工具
	手工多功能笔	木纹装饰笔　布用记号笔　立体装饰笔　彩色毛笔　防水油画笔
模型类	纸质模型	纸偶公仔　建筑模型　京剧脸谱
	木质模型	木制车模
	砖模型	仿真建筑模型
	其他模型	DIY万年历
纸艺类	各类纸	千纸鹤纸　餐巾纸　图案纸
	彩色胶带	彩色胶带
	打花器	拼图机　打边器　打花器　花边剪　花边铝尺

喷绘纹身类	气雾罐	喷绘纹身气雾罐（多色）
	模板	喷绘纹身模板（大小）
橡皮图章类	印台类	黏性印台　水滴艺术印台　油性速干印台
	橡皮图章类	雕刻橡皮　成品印章　明信片尺寸橡皮
配饰类	穿戴类	布草鞋
益智科教玩具类	科学类	再现恐龙　复活军团　金字塔
	解谜类	解绳系列　字母迷局系列　智力绳操系列　九连环
	益智类	恐龙灯　缤纷节日桶　鲁班锁类　太空轨道
数字油画类	数字油画	人物类　动物类　建筑风景类
雕刻类	雕刻用料	巴林石　高丽石　辽东石
	雕刻用具	固定用印床　篆刻刀　马鬃刷　碳化硅水砂纸　印泥
手工书籍类	手工书籍	《百款经典餐巾折叠》　《Cotton friend手工生活》　《优雅女装手工编织》　《缤纷创意剪纸》等

表1 Hobby Town 产品分类表

在Hobby Town店中，有几款很有特色的手工DIY，比如有一种名为"戳戳乐"的刺绣手工，工具和材料包括模具、底刷、针和羊毛毡。有了这样一套材料和工具，就可以制作出各种形状的立体花，用来装饰包括围巾、毛衣等物件。此外店中还有各种特色笔，比如木纹笔，可以制造出如红木、橡木、核桃木等不同的木纹效果，用来装饰DIY制作的贺卡很合适；而照片笔则可以在照片上写字，用来加工装饰照片；布用笔则可以把字和图案绘在布上，水洗不掉色，这样自己制作一件个性T恤就变得很容易了。

店内产品分为国产和进口两种，大部分为进口产品，包括日本、泰国、澳大利亚、德国、英国、瑞士、瑞典、美国等多个国家的手工产品。由图可知，Hobby Town的产品涵盖了手工制作所需要的各种材料和工具，并且价格适中，无论钱多钱少都可以买到相应的材料来完成手工制作。只有个别产品价格较高，比如店门口展示的一台小型木制织布机的价格是1876元，而一套四把装的木制锉刀的价格为1888元，算是店内的镇店之宝了。

Hobby Town根据对国内市场的调研，把目标消费群体定位在18～35岁的白领，以女性为主。此外，家长是重要的消费群，主要是买给孩子，以提升孩子的动手能力；追求时尚的年轻人也是这里重要的消费群体。据了解，店里的人均消费从三四十元到二三百元不等，大众化消费人均在80元左右。相比较而言，进口材料要贵些。顾客买完材料后可拿回家制作也可在店内现场制作，如有需要店内免费指导。如果顾客做出满意且优秀的作品还可以放在店内寄卖，价格自定，一旦售出，Hobby Town收取30%的寄卖费。

图1 Hobby Town的拼装建筑——天坛

据店主介绍，店中几乎涵盖了国内外市场上所有手工DIY的品类，可以说品类不落后于世界上任何一个国家的手工DIY商店，"希望给国内的手工爱好者提供一个交流、展示、学习的平台"。

图2 Hobby Town五道口店

目前，Hobby Town已经在北京开了两家直营店，除五道口店外，另外一家位于西单大悦城。到目前为止，两家店销售业绩都不错。在此基础上，Hobby Town已经建立起完善的店面管理制度、连锁经营制度，以及店员的培训制度，并正式推出招商加盟机制，大力推广手工DIY。

（2）清缘坊手工场

清缘坊手工场是全国规模最大、项目最全的DIY项目专业推广商，同时也是DIY手工项目的研发、生产、经营、培训、加盟连锁的多元化专卖店。清缘坊推崇DIY时尚概念，全力打造原创的个性化时尚产品和项目，致力于传播中华传统文化，倡导健康生活方式，努力探索一条艺术产品与市场化相结合的道路。目前已开发出近二十项DIY项目，如丝网花、软陶、手工香皂、纸艺、果冻蜡、手工造纸、彩塑、陶艺、蜡染、扎染、剪纸、织布等。自2002年开业以来，营业一直都不错，中央电视台、北京电视台以及平面媒体都对清缘坊做过相关报道。

坐1号线地铁到五棵松站下车，从A出口上来向西走到永定路口，再向北走到第一个路口右拐，在一个大型超市的下面就是清缘坊手工场了。店的进口挺小，但走进店内其实别有洞天。手工场里面空间很大，木制和玻璃的陈列柜把偌大的空间分隔成具有不同使用功能的区域，如陶艺区、纸艺区等。陈列柜上整齐摆放着陶制的小玩意儿以及玻璃工艺品，布制或线编的五颜六色的花朵"盛开"在店内的各个角落，红色的中国结和具有少数民族特色的面具、布偶悬挂在墙上。再往里面看，两个木架子上摆放着顾客做的陶罐、陶碗之类的手工艺品。店内很安静，一切都是古色古香的，让人很容易沉静下来，投入到自己的手工创作世界里去。

据调查，清缘坊手工场的手工项目大致可以分为纸、丝、陶、皂、蜡、绘、晶、布、银等九大类。具体分类如下表：

手工项目	具体分类	具体手工产品
纸	纸艺花卉	插花系列　盆花系列　西藏组花　菊花系列　云南组花十字架系列
	折纸	人物折纸　动物折纸　花卉折纸
丝	丝袜花丝网花	壁挂系列　插花系列　盆花系列　画框系列　胸花系列蝴蝶系列　新娘系列
陶	陶艺	非洲风情　其他陶艺
	软陶	手链系列　挂坠系列　卡通系列　十二星座系列　其他软陶　花瓶系列　石头系列；
	树脂黏土	黏土花卉　花瓶系列；
皂	手工香皂	海洋系列　十二星座　卡通系列　浓情系列　美容系列
蜡	果冻蜡	海洋系列　花卉系列　丰收系列　水果系列　四季系列梦幻系列　其他果冻蜡
绘	手绘服饰	T恤类　休闲鞋　太阳帽　手绘包

晶	手工琉璃	手工琉璃　发簪系列　树叶系列　耳坠系列　十字架系列 咖啡搅棒系列　十二生肖　手链系列　项链系列
	串珠	手工串珠手链　项链
布	娃娃	娃娃
	布艺	拼布T恤　拼布围裙　拼布靠垫
银	手工银饰	戒指系列　耳环系列　项链系列　手镯系列
	马勺	传统马勺　现代马勺　梭子
	东巴皮画	东巴文系列

　　由图可知，清缘坊手工场提供的手工项目很丰富，几乎囊括了一般手工店能提供的所有手工品类。清缘坊顾客群的年龄跨度比较大，小到四五岁的孩子，大到六七十岁的老人，都可以在这里找到自己中意的手工项目。一般小孩子会在父母的陪伴下进行一些折纸手工；青年人大多对一些比较时尚的手工项目如手工皂或手工蜡感兴趣，做出成品后送给亲友或恋人；中年人以及老年人大多会选择比较传统的纸艺花卉或者丝网花，成品用来装饰居所、美化生活。表面看有些手工的难度相当大，例如制作银质戒指或手镯，但是有兴趣就会变得简单。一般顾客花上几十元钱，做出来的手工也像模像样，而且完全可以按自己的想象来做。像拉陶这种手工项目更容易发挥人的创造力，做出独一无二、与众不同的作品。这种人性化的灵活的经营方式，吸引了很多回头客。

　　清缘坊的经营品种多样，不同项目的特点和成本存在着很大差别，因此，不可能统一定价，收费方式和价格也多元化，大体分为计时、计件、计料和会员制。

　　计时就是按时间收费，比如机器拉坯每15分钟收费10元；计件是按照手工制作的成品数量收费，比如在手绘项目中，画一件T恤

图3 图4 清缘坊内部

并把成品买走的价格是50元，一个手绘包是80元，如果需要指导则每件加收20元，清缘坊的大部分项目比如凤翔彩塑、蜡染等都以这种方式收费；计料是根据手工制作原料的重量收费，比如软陶和泥塑项目，顾客只需按重量购买一块陶土就可以了，手工皂和手工蜡也同样适用这种收费方式；会员制收费则是向会员销售单个项目的月卡或年卡，对于超级手工发烧友来说，这种消费方式比较适宜。店主说："在我们这儿，人们大概平均花上二三十块钱，就可以体验到DIY的乐趣。"

通常人们认为，开这种手工店地理位置很重要，需店铺醒目且人流量大，可清缘坊手工场的店址却清静得有点出世的味道。据店主介绍，之所以将店面选在超市地下，是因为相较于城里大街上的店铺，这里的房租要便宜很多。清缘坊除了官方网站宣传之外，实体店并没有对外做任何广告宣传，主要是靠口碑相传的力量让它的经营一直红红火火。

（3）艺猎陶艺吧

北京猎陶文化有限公司成立于2008年，公司注册资金100万，资产总额达400万元，主要经营手工陶艺制作、陶艺专业培训及加盟合作等业务。艺猎陶艺吧为北京猎陶文化有限公司旗下的实体店品牌。

离开了西单各大商场的喧嚣，走进位于明珠商场东门对面的钟声胡同（图5），艺猎陶艺吧的招牌就安静地待在一个不起眼的走道内。走进店内，绿色植物、藤制沙发坐垫、根雕桌椅、假山石以及鱼缸一应俱全，两个高至天花板的木架子上摆满了陶制的瓶瓶罐罐，给人一种简单朴素、返璞归真的感觉（图6）。

据了解，陶吧内经营种类广泛，主要分为三大类：陶艺制作、礼品定做、陶艺培训。陶艺制作包括陶艺拉坯、软陶制作、泥塑塑像及卡通塑像；礼品定做包括定制仿窑系作品、定制纪念手印以及定制照片杯子、盘子；陶艺培训包括软陶培训、陶艺拉坯培训以及

图5 钟声胡同内的艺猎陶艺吧 ／ 图6 艺猎陶艺吧内部

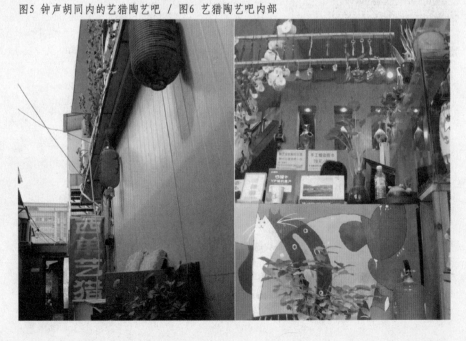

其他培训（比如泥塑、塑像、美术等）。

来陶吧消费的群体主要是白领阶层、中薪阶层，以及学生等，普遍消费（除定制及附带消费）金额为30～80元之间不等，店内消费不限时。30元消费金额可以做些手链、手机链等小装饰品；80元消费金额不仅包括了前面提到的内容，还包括陶艺拉坯通票。定制则花费较高，以定制结婚塑像为例，由于大小和制作难易程度不同，价格会在150～1500元之间不等；以定制仿窑系作品为例，根据大小及制作工艺难易程度不同，价格会在300～2000元之间不等。相较于之前的Hobby Town、清源坊的DIY对顾客手工程度要求不高，艺猎陶吧的专业性决定了顾客在陶艺制作时需要一些制陶知识和技术，顾客可在动手制作前接受店内简单的指导和培训。顾客在店内动手做完自己的手工作品后，还可在店内挑选出售的陶器摆件、扎染围巾等商品，这样的附带消费金额则因商品的不同而各异。

陶吧共有四间屋，分为上下层，总面积为100平方米。楼下一

图7 艺猎陶艺吧内正在拉坯的顾客

间是前台，楼上三间为制作区域。地处西单租金当然不便宜，每月房租1万元、水电2000元。据店主透露，除去每月工人开支1万元及其他成本消耗，每月大概纯利润为2万元，年利润为20多万元。店主说之所以在西单开店，是因为这里有君太百货、中友百货、明珠商场等众多大商家，人流量大；而之所以选择钟声胡同也是因为西单商场的租金太高，而胡同内的幽静也给陶吧带来一抹清新淡雅的气息。

（4）HoyaBoby礼品工坊

2007年，丽芝馨商贸有限公司将成立于台湾的HoyaBobyDIY礼品工坊引入内地，自此开创了礼品DIY的新时代。HoyaBoby是丽芝馨商贸有限公司的自创品牌，旗下的专营店主打DIY礼品材料，可为客户提供两千余种HoyaBoby品牌的DIY产品及配件的选择，是HoyaBoby在内地的唯一供应商。公司以HoyaBoby的品牌为依托，集设计开发、生产、销售为一体，坚持创新、进取的理念，希望将梦想与快乐传递到每个人的身边。目前HoyaBoby已经在北京、上海、成都、沈阳等城市开设了五家加盟店，北京目前有三家店，分别位于西单大悦城、西直门外大街1号嘉贸购物中心以及崇外大街国瑞崇外购物中心。而此次调查我们则选择的是位于西单大悦城B2层的HoyaBoby礼品工坊（图8）。

走进HoyaBoby店，黑色的天花板和明亮的展示架形成鲜明对比，店内左、中、右三面全为展示墙，各式各样的手工制作材料及制成品按类别和价格的不同摆在格子里和台子上。店中央是一张很大的长方形的手工台，可以容纳大约十人同时进行手工礼品制作。当顾客挑选店内材料时，服务生会很快过来询问是否需要帮助，并且会拿出一本DIY礼品的画册供顾客欣赏和选择。顾客可以挑选自己需要的材料,通过黏贴、拼插等制作方法制成独一无二的礼品,除了摆件以外,也可以是手机链、项链、耳环、发卡等。店内的制作材料价格在1～50元之间不等，店内不收取任何教学费，只收取材料费。这里人均消费大约为200元/天。

　　既然主打DIY礼品，选择合适的礼物当然很重要。如果想送朋友一个生日礼物，可以DIY个手工相框，首先选择软陶做成相框的形状，再以手工串珠或是立体水晶字母在相框周围加以装饰，一个包含着浓浓心意的可爱相框就完成了（图9）。Hoya Boby的消费群主要以青年为主，年轻人热爱生活，有活力，接受新事物的能力强，讲究生活品质，对时尚潮流很敏感。

图8 HoyaBoby西单大悦城店 / 图9 DIY相框

　　关于店面租金。西单的大悦城以国际化的大型Shopping Mall作为核心主体卖场，租金高于周边商场。Hoya Boby的店内面积为40平方米左右，租金大约为3万元/月。尽管租金稍贵，但由于顾客对大悦城定位的高度认同感，商铺在此入驻可以获得更高的投资回报。据店长透露，Hoya Boby每天营业额基本维持在3000元左右的水平，节假日期间销售更好。

以上四家北京的DIY手工店，Hobby Town和清缘坊属于综合类店，集中了DIY手工的诸多种类，但清缘坊以国产材料为主，Hobby Town则以进口材料为其一大特色；艺猎陶艺吧属于单类型的DIY手工，专做陶艺；Hoya boby礼品店则属于主题性店，主打各式DIY礼品。我们对以上四家不同规模和类型的DIY手工店的综合情况进行了简单的对比分析，如图表所示：

	Hobby Town	清缘坊	艺猎陶吧	Hoya Boby礼品店
地理位置	五道口	海淀区	西单钟声胡同	西单大悦城
资金来源	总公司	个体店主	总公司	总公司
面积	约240平方米	约400平方米	约100平方米	约40平方米
建立时间	2009年	2004年	2008年	2009年
工作人员	10人	5人	4人	6人
会员制	有	有	有	有
产品价位	10～2000元 会员9折	10～80元 会员9折	30～80元 学生5折	1～50元 会员9折
材料来源	总公司配货	店主自选	店主自选	总公司配货
店面设计	青春活力	古朴自然	古朴自然	现代神秘
产品类型	手工材料、工具、套装	DIY手工纸、陶、丝、布、银等艺品	DIY手工制陶、扎染围巾、透瓷杯、手机挂饰、定制礼品	DIY礼品材料

表3 四家DIY手工店综合情况对比表

2. 北京DIY手工店的特点

以前面四家手工店为代表可以看到北京DIY手工店的一些共同之处，主要有以下几点：

（1）享受生活、享受创作的理念

DIY手工倡导的是享受生活、享受动手创造的理念。对于顾客来说，选择DIY手工就是想自己动手做东西，选择DIY手工店是因为家里缺少DIY手工的材料、工具及工作指导等方面的条件。一旦选好自己所需要的材料，坐下来花上几个小时。不管周围如何嘈杂，自己都可以沉浸在个人的创作世界里，在动手创作的过程中将最初的一点点想法渐渐变成一个看得见摸得着的作品，随之而来的满足感可以在之后的许多天中一直持续下去，正如Hobby Town的口号所说：乐享DIY生活。在忙碌嘈杂的现代生活中，DIY手工带给人一种难得的悠闲、安静的慢生活。同时还体现了善于享受生活的时尚与品位。

（2）手工特色

尽管顾客在制作时需要借助一定的工具，但手工制作是DIY手工的核心概念。DIY手工店的入门门槛低，只要顾客进入店内，都能找到自己喜欢的手工项目，人人都可参与其中，充分发挥自己的DIY创意。在DIY过程中，顾客的创作自由度很大，不拘一格的奇思妙想可以使做出的物件个性十足、独一无二。在用腻了流水线上的机器产品的今天，DIY手工产品成为人们的宠爱与时尚。

（3）种类丰富

DIY手工店为人们提供手工创作的服务。通过调查可以看到，北京DIY手工产品种类丰富、品样齐全。从半成品的手工材料、工具到实用性的生活用品、装饰性的艺术品，应有尽有。制作材料也相当丰富，包括纸、布、蜡、土、木以及金属等。尽管一些手工店的服务类别大体相同，但那些聪明的店家往往能找到自己的特色和主打产品，陶吧和礼品店就是很好的例子。

（4）多种经营方式

为了扩大自家店铺的知名度和影响力，所调查中的DIY手工店都有各自的经营方式，主要有给会员打折、不定期店内特别活动、加盟连锁店三种。

（a）会员折扣制

在调查的四家DIY手工店中，无一例外地每家店都推行会员制。会员制可以长期留住顾客，在会员优惠条件的吸引下鼓励消费，小幅降低利润，大幅提高销售量。在Hobby Town和清缘坊，会员九折优惠；在艺猎陶艺吧，凡学生持学生证可享受五折优惠，而普通消费者只要提前电话预定店内活动票则可享受七折优惠；而Hoya Boby凡当天消费满200元者即可为成会员，而会员可享受九折优惠，生日当天可八五折。

（b）不定期店内活动

相较于会员卡只对会员优惠的做法，店内不定期会推出一些促销活动，以吸引更多的顾客消费，在短时间内完成大量指定商品的销售，增加销售额。艺猎陶吧曾推出一款活动，凡购买一条手工蜡染围巾（79元/条）则可赠送三个软陶小挂件或者陶艺拉坯一小时

图10 清缘坊会员卡 ／ 图11 艺猎陶艺吧会员卡

体验；Hobby Town则在官网上推行电子优惠券，顾客可以通过下载电子优惠券到Hobby Town专营店使用享受优惠待遇。通过这些促销活动，手工店会吸引不少消费者，不仅创造了更多的经济利润，并扩大顾客对手工文化的了解和热爱。

（c）加盟连锁店

所调查的四家DIY手工店中有三家支持连锁加盟店政策，分别为Hobby Town、艺猎陶艺吧和Hoya Boby。在北京，Hobby Town有两家加盟店、艺猎陶艺吧大约有八家加盟店、Hoya Boby有三家加盟店。加盟连锁经营的优势有：经营所需商品由总部统一提供，其投资成本远远低于普通经营性投资；能获得连锁经营更为规范统一的营销培训；享受品牌的知名度和整体广告宣传带来的经营效应；统一的整体店面设计、经营策划、管理模式，可使分店快速启动，一经开办即可获利；一个知名品牌的连锁店更易取得消费者的信任。

清缘坊不推行加盟经营，店铺在北京只有一家。店主认为，加盟商加盟后的具体经营有不确定性，有时需要较高的品牌维护成本，目前她只想做好一家店，没有多余的精力去做加盟连锁经营。

（5）外部环境与DIY手工店的风格与定位

DIY手工店能否经营成功，店铺选址很重要，因为不同的外部环境所吸引的消费群体截然不同，同时周边环境往往也决定了店铺的经营内容和风格。在调研的四家DIY手工店中，有位于西单繁华地段的艺猎陶艺吧、Hoya Boby礼品工坊，还有进驻五道口购物中心与诸多学校为邻的Hobby Town，更有隐于市的清缘坊手工场，这些店根据不同环境与消费群体进行市场定位，都是成功的典型，也是与环境结合的典范。

以Hobby Town为例，由于地处五道口，那里聚集着如中国地质大学、北京语言大学、北京科技大学等众多高校，因此学生成为手工消费的主力，尤其是大学生，不管男孩女孩，都喜欢用自己亲手做的东西来表达心意。

清缘坊手工场走的是朴实无华的亲民路线。身处超市地下，地面上没有明显的招牌，只有从超市通往地下之间的一段楼梯墙壁上有个很简单的广告。进入店内，相较于其他手工店豪华的装修、明亮的室内设计，这里显得有些黯淡。由于附近是机关单位的家属楼群，所以清缘坊的主要顾客群多是附近的居民。在店内的尽头有将近200平方米的面积用于儿童乐园，家长可以带着小朋友做手工之余在乐园中游戏。由于定位明确，清缘坊并不缺乏顾客。

总体看来，四家店虽然都是主打DIY手工，但是定位人群和产品类别有着各自的特色和风格，在经营方式上也有差异。对DIY店主来说，除了原材料采购之外，几乎不需要其他的物流和销售环节，这种"产销合一"的方式大大降低了生产、成本、物流、人力成本，也降低了经营风险，这是DIY店经营模式的一大优点。对消费者来说，DIY是一种自我放松、自我陶醉的方式，一旦喜欢上时尚手工，往往都会沉湎进去，继而成为时尚手工"发烧友"，成为DIY忠实的消费者。

三、DIY手工店的问题与未来

从调查中，我们也发现北京地区DIY手工店行业存在的一些问题，主要有以下两点：

1. DIY手工店之间的同质化竞争

相较于其他行业，DIY手工店的产品虽然原创含量高，但是制作成本却不高，较低的"门槛"让后来者较容易进入。这使一些资金有限的DIY手工店进入后，只能维持较小规模的经营运作，导致服务项目单一，不能及时更新和扩充产品线。而且同类型的手工店一般有着相似的客户群，因而缺少特色的DIY手工店面临着更大的竞争压力。

2. 店内手工材料价格偏高

同样的材料，店内的价格相较批发市场与一般市场要偏高。据店内顾客反映，一般买完材料再自己动手制成成品，所花的钱有时已经能买市场上同类型的品牌产品了。

不同于市场上由工厂流水线生产的产品，DIY手工店倡导自己动手制作具有个人喜好和风格的物品，DIY手工概念体现着具有时代特征的新的生活方式和休闲方式。DIY手工店所提供的是以服务和体验为主的新型消费产品，它是体验经济在当下生活中的一种表现。在追求个性化、趣味化、多元化的今天，DIY随心所欲的乐趣已经成为现代人的新宠，它所体现的集娱乐、休憩、创造于一体的休闲方式已为越来越多的都市人所认同，从而为DIY手工带来更大的市场前景。

现在北京的DIY手工店的竞争并不激烈，尚有很大的发展空间。从总体上看，北京的DIY手工店业尚处于发展期，无论是DIY手工店自身、DIY消费者、DIY手工文化都还有待进一步发展和成熟。

/ 时娟娟

T恤也时尚

——北京地区创意T恤调研报告

调研时间：2010年9月—2011年2月

调研地点：创可贴8　肚脐眼　过客制造　南锣鼓巷NLGX

本土意识　京工坊　不福不行等

一、T恤与创意T恤

追溯T恤的历史，它的起源主要有两种说法：一是源于17世纪美国安纳波利斯码头的卸茶工人常穿的印有"TEA"字样的短袖T恤；二是19世纪初英国女王视察英国海军军队时，士兵为了遮盖胸毛所穿的紧领短袖的白色棉质内衣。

T恤经历了18世纪的工业革命，19世纪西方经济的快速发展，20世纪的"一战"、"二战"及战后的多元化发展，随着世界的变化而变化，并受到不同时期的社会、政治、经济、文化等诸多因素的影响，越来越成为人们喜爱的一种服装样式。

T恤在20世纪中期传入中国，给当时的中国民众带来新的着装感受和体验。早期的T恤被称为"老头衫"、"文化衫"，不怎么讲究工艺或图案的设计，基本上是白色宽大的款式。新世纪的中国，经济进一步繁荣，T恤的发展进入一个多元风格各领风骚的时代。现今的T恤在款式、图案、色彩、材质、装饰工艺等方面都产生了巨大的变化，并出现了创意T恤的概念。所谓创意T恤是指那些富有创意、个性另类的T恤（图1），它将各种特殊的工艺、新技术、文化理念、个性情趣运用到T恤上。各种工艺的运用提高了T恤的设计表现力，比如彩绘热转印工艺，可将自绘图案印在T恤上，从而体现设计的个性、原创性和艺术性。新技术也为T恤带来了新的创意，"音乐T恤"利用声控芯片使T恤上的发光装置应合着音乐的节奏而闪烁。"变色龙T恤"利用高分子材料将图案制作到T恤上，它随着人体温

图1 创意T恤 ／ 图2 传统T恤

差和情绪的微妙变化，会显示出不同的色彩变化。

从目前北京的创意 T 恤市场来看，创意T恤的种类很多，有商品T恤、广告T恤、团体T恤、品牌T恤、政治T恤、艺术T恤、个性T恤等丰富的种类，并从最初的平民风格慢慢演变出经典风格、柔美风格、贵族风格、时装风格、性感风格、前卫风格、漫画风格、游戏风格、民族风格等，体现着北京创意T恤市场的多元发展。此次调查，共调查了九家创意T恤专营店和一些兼营创意T恤的店铺，并走访了南锣鼓巷、动物园、大红门、北京万通商城等批发零售创意体恤比较集中的地区，其中南锣鼓巷中的多家创意T恤店在北京的创意T恤中具有一定的代表性，是本次调查中的重点。

二、北京市场创意T恤的特点

北京市场上的创意T恤风格种类丰富多样，但人们从那些纷繁多姿的产品中还是可以看到一些共同之处，如T恤设计上对怀旧元素、时尚个性元素的运用，对新技术和工艺的运用等。北京地区的创意T恤大多以精梳棉T恤进行加工，有些也会选择在精梳棉中加莱卡，这种T恤一般采用丝网印刷方式印制。据了解，北京创意T恤专卖店的销售业绩一般都不错，无论冬夏都好销，一些店会在冬季增加帽衫的销售。创意T恤的消费人群以年轻人为主。在北京地区，南锣鼓巷、798、西单、王府井、动物园、大红门等处的创意T恤市场较为集中。

1. 怀旧元素

图案设计是T恤设计的核心点，不管怎样的理念、工艺及个性情趣，其最基本的方法都是将其体现在T恤的图案上。以怀旧元素为T

恤图案设计创意点的T恤属于一种主题T恤，这在北京南锣鼓巷的创意T恤中表现得十分突出。这种T恤将过去某个时代的典型视觉形象作为T恤图案设计的题材和元素，使T恤成为具有历史意味、体现时代变迁的一个载体。如南锣鼓巷的7家创意T恤店，虽然使用的题材不尽相同，但无论是幽默谐趣的创可贴8、还是充满激情的过客制造、充满童趣的肚脐眼，都以怀旧元素作为设计的创意点，以表达一种对过去时代与生活的怀念。

南锣鼓巷的创可贴8可以说是北京最有名的创意T恤专卖店，虽说从2006年开张至今，其发展历史并不长，但在南锣鼓巷的创意T恤店中却算得上是一个"老字号"了。创可贴8的T恤图案体现了回看20世纪中期以来北京和中国的社会历史变迁的"他者"眼光。英国人江森海以一个外国人的视角看中国和北京，他对中国人或北京人司空见惯、不以为意的那些生活景象与物件有一种独到的敏感，他钟情于将 八两糖票、二元地铁票、小学课本里的女英雄、宫爆鸡丁作为T恤图案的设计元素，将他对北京和中国地域文化的发现印制在T恤上，以T恤的方式讲述他眼里北京和中国的故事，其风格风趣幽默（图3）。创可贴8已成为北京最有特点和影响的创意T恤品牌之一。

图3 创可贴8创意T恤

　　过客制造是南锣鼓巷中另一家创意T恤专卖店，它以20世纪中期以来的那个特定年代、特别是"文革"以来的典型视觉形象作为T恤图案设计的基本元素，以红、黄、黑为基本色彩，以红色为主色调，将那个时代有代表性的人物形象、大字报、标语口号作为设计元素直接印制在T恤上，其风格鲜明强烈，充满那个特定年代的激情（图4）。

图4 过客制造店

2. 时尚元素

　　当下生活的丰富题材也是创意T恤图案设计的一个重要来源，在北京的创意T恤市场上人们可以看到印有奥巴马头像、"到南锣鼓巷去"等图案的T恤。Nbeijing是一个没有实体店的网店卖家，它将美国影视剧中人物穿的T恤翻版，或将美国影视剧中的经典标志翻印在T恤上。比如美剧《生活大爆炸》中Sheldon穿过的"紫色电视测试卡"T恤的图案（图5），这个图案也是CCTV今年在电视不播节目时的画面图案，Nbeijing也将其作为自己的T恤图案。尽管图案是移植过来的，但在新的社会文化环境中，又有了不同的含义。不福不行

图5 "紫色电视测试卡" T恤图案
图6 "蚁族出没注意" T恤图案
图7 "不福不行" T恤图案

是由一个三人乐队创立的T恤品牌，他们对图案的选择和设计倾向于个人趣味的表达，"蚁族出没注意"（图6）、"你要能减肥我就能戒烟"（图7）等以交通标识、警告标识为题材的T恤设计都体现了他们对当代生活素材的汲取与提炼。此外，那些以颜色、大小规格区分的同款恋人T恤、亲子T恤，将自己的照片印在T恤上，或用亮片、羽毛、铜钉等做成立体装饰的T恤，都传达出创意T恤的时尚气息。

3. 运用新技术

新技术的运用为T恤带来了新的创意，例如：变色T恤，用高分子材料制作的图案可以随着人的体温和情绪而变换色彩，这种技术生产的产品洗涤不褪色，优于通常的彩照T恤效果，适合成批加工制造，也可为客户单独定制。市场上卖的变色T恤主要有两种类型：一种是图案变色，价格较便宜，淘宝或阿里巴巴上30元左右有售；一种是全身变色的T恤，是将高科技材料与普通衣服结合而成的，价格较贵，售价一般在200元左右。

易拉罐包装T恤，是装在易拉罐中的真空压缩纯棉T恤（图8），这种创意的包装形式深受年轻人喜爱。它也可以收藏，是理想的礼品。目前北京市场主要流行两个品牌，来自韩国的PQTT和PIGG，价格一般在30～70元不等。多在小店、批发市场、淘宝等处销售，南锣鼓巷巷北有店铺售卖，动物园服装批发市场、西单77街也有售卖。

音乐T恤，是一款T恤图案可以跟随音乐节奏闪烁发光的数码音乐服饰（图9）。它在T恤的图案里加入了类似LED灯片的很薄的声控膜片，可以灵敏感知外界的音乐节奏，并且伴随音乐节奏而闪耀，变幻出不同的光芒，在夜间效果最佳。自身无需带播放器，手机也可以直接控制，是目前演唱会等场合的一种最新服装。目前北京市场上销售的主要品牌有NO NO MARTINI、迪沃菲克等。另外，北京聚龙服装批发市场有音乐T恤批发，一般为一件45元、 10件38元。

图8 易拉罐T恤 / 图9 音乐T恤

三、北京市场创意T恤的经营与销售

1. 创意T恤的经销

传统T恤简约、舒适，因其朴质、舒适、方便的特点成为人们生活、劳动中最普通的休闲式服装，但是一种低档服装。随着中国经济的发展，人们对生活品质的要求越来越高，富有个性和创意的

T恤更符合年轻一代的需求，同时也给传统T恤带来了发展创新的要求。发展创意T恤，增加T恤的创意与文化含量，拓展盈利空间，应是T恤未来的发展趋势。在北京的创意T恤市场中，富有原创性的创意T恤品牌对消费者更具吸引力，销售状况也呈上升趋势。面料的开发、文化内涵的添加、图案的创意、风格与品牌的形成，是目前创意T恤行业关注的焦点。

目前北京市场创意T恤的经营方式主要有两种：一种是创意T恤专卖店或主营创意T恤，兼销其他创意产品，如有创意图案的杯子、围巾、贴纸、包等；一种是经营多种创意产品，其中包括创意T恤。这两种经销方式的商铺一般都做批发和零售业务，只是起批数、价格、定制方式略有不同。在如南锣鼓巷、798等这样的创意时尚集散地，前一种经销方式的店铺比较集中，但就整个北京创意T恤市场来讲，兼营多种创意产品的商铺更多一些。专卖店或创意T恤主营店的店铺规模一般比较小，店铺数量不多，但更有特色和创意。对南锣鼓巷创意T恤的调查显示，七家店中有五家是主营创意T恤的店铺，做自己的品牌，有自己的特色，从T恤图案到商标甚至店面的装修都有自己的独特风格。比如创可贴8，从T恤图案创意到标志和店面装潢都体现了"北京印象"的特征，就连售货员都是地道的北京大妈。再如南锣鼓巷的肚脐眼，它的T恤图案和装修都用了独特的插画风格的儿童人物形象，其红蓝二色相间、犹如儿童手绘的形象风格清新，稚气而可爱。

在北京的一些批发市场，如动物园等处服装批发市场中，创意T恤批发零售的店铺也很多，他们的服务项目也有个性定制和自绘图案批发。但这种店铺产品的创意性比较弱，基本是抄版的产品，缺少自己的特色。

2. 创意T恤生产商

北京地区T恤个性定制的生产商很多，但有影响力的生产商较少。像西单、王府井、动物园等大的服装集散地，都有众多店铺提供个性T恤定制。这些店铺一般有数台烫画机提供个性T恤定制，有的店铺自己不能生产，还需找第三方提供生产服务，但多出一个环节产品相应的价格也会提高。经营创意情侣T恤的百年衫国，有自己的设计能力、有自己的生产工厂和T恤专营店，但像这样有较完整的产业链的生产商很少。北京的唐青蓉烫画机厂是一家T恤生产设备供应商，同时也提供T恤生产服务。它提供各种专业T恤印花机、烫图机、热转印烤图机、不用纸烫画机、布艺烫画机、多功能烫画机、德式烫画机、热转印摇头烫画机等多种生产设备，价格从几百到三千元左右。同时它还能用渗透烫印法、人物像立体烫画法等多种方法进行T恤生产。从北京创意T恤的设计、营销和生产各个环节来看，创意T恤的设计、营销都已有一定的品牌形成，但缺少专业性的有品牌影响力的生产商。

3. 创意T恤消费者

从北京地区来看，创意T恤的消费人群主要集中在十几到三十几岁这一年龄段的人群之中。除了国内购买者之外，还有相当一部分外籍购买者，据创可贴8的售货员介绍，中外顾客购买创意T恤的人一样多。此外，创意T恤专卖店大多集中在创意、时尚的集散地，每年来京的大量旅游者也是创意T恤的一个消费人群。虽然比普通T恤的价格高，但其创意和个性特征使它仍然拥有很多忠实的支持者。

（1）消费者喜爱的创意T恤图案

图案是T恤的最大看点之一，T恤图案是否吸引眼球直接影响消费者的购买。通过走访调查，对消费者对创意T恤图案的需求做了初步的了解，主要表现在以下几个方面：

（a）人物趣味图

人物形象作为创意T恤的图案有很多，过客的一些图案、创可贴8的"女英雄"图案、"肚脐眼"插画式的"幸福流氓"图案，还有其他的一些图案等等；再加上个性定制自己、亲人、朋友的肖像，或者名人漫画形象等图案，以人物为元素的创意T恤图案可以说是经久不衰。

图10 "低调" T恤

（b）幽默怪诞图

以不福不行的"遗传基因"（图11）和"叛逆的小黑羊"（图12）为代表，此类图案以其幽默诙谐而受到消费者的喜爱。此外还有另类、怪诞的图案，张扬个性，凸显与众不同。

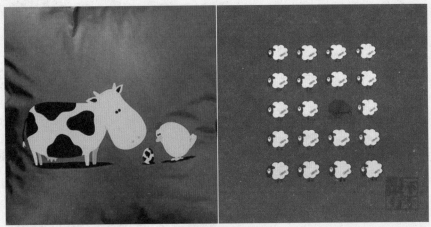

图11 "遗传基因"图案 / 图12 "叛逆的小黑羊"图案

（c）率性标语图

过客的"拆哪？"T恤以这一典型的词语表达了对城市发展建设的印象。除了"拆哪？"，还有"不拆"，T恤上的"拆"字被一个大圈框住，紧邻的"不"字放在圆圈之外，仿佛是对现实的一种无声态度，"不"和"拆"两个简洁的汉字凝聚了丰富的社会内涵，使原本普通的T恤再现了当下的特定社会景观。

创意T恤上印制的率性标语很多，"单身万岁，自由无罪"、"水至清则无鱼，人至贱则无敌"、"你要能减肥，我就能戒烟"等，T恤成为年轻、率性、个性话语的一个鲜活载体。

（2）消费者对个性定制T恤的需求

个性定制的受众群主要是年轻人，80后和90后成为主要消费群体。80后的年轻人消费习惯更倾向于产品或服务能提供某种感觉或附加值，90后的年轻人则更注重消费过程的感受，更注重时尚、个性的显露。

北京的个性定制T恤主要有个性定制实体店和网上在线定制两种

方式，北京个性定制实体店主要分布在西单、王府井、动物园、大红门等服装业和时尚用品销售比较集中的区域；而淘宝和其一些网站提供在线定制服务，淘宝店里不乏好货，只是鱼龙混杂，想找个质量信誉好的需耗费一定时间。在线个性T恤定制需要传图案照片给客服人员，对方处理后给定制者看效果图，不满意再改。这些网站除创意T恤定制外，还可定制个性杯子、家具办公用品等。

以 北京的他她diy服饰定制网为例，它既有实体店，又有网站在线服务。它提供包括动漫T恤、个性情侣T恤、游戏T恤、DIY亲子T恤、偶像照片T恤等创意个性T恤的定制。它采用100%纯棉的高质精梳棉T恤，布纹细密，厚度适中。分别有120克、140克、180克、200克、220G克精纱纯棉定制，提供S、M、L、XL、XXL、XXXL五个尺码。采用环保水性浆、热固墨、高精激光等工艺印制，克服了其他印花工艺褪色、生硬、裂纹等缺点。图案色彩没有限制，只要是喜欢的图片、照片，包括自己设计的图案作品都可以制作，并可应顾客要求保留作品的隐私权。交货时间：10件以下1～2天，500件以下1～5天，1000件以上3～10天。

北京的个性T恤定制市场有较大发展空间，需要个性T恤定制的人群包括创意T恤专营店和各类企业或组织。例如，创可贴8曾为多个乐队提供了队服的个性T恤定制，还有企业作为工服的T恤定制。随着个性定制的潮流之势，消费者对个性定制T恤的需求也将会越来越大。

（3）消费者对创意T恤价格的心理接受度

批发市场上的创意T恤基本上在30元到200元之间不等，价格与T恤的品质、款式、图案等因素都有关系。一些消费者对创意T恤的心理价格还停留在传统T恤的价格上，认为30～50元之间的价格才比较合理。但是创意T恤的原创性、个性化及其文化内涵赢得了不同的消费群体和更大的盈利空间。消费者对创意体恤价格的接受程度也在不断发展，随着消费人群的增加，创意T恤店的增多，创意T恤的价格定位已经开始被消费者所接受。

四、创意T恤发展中的问题及对策建议

北京地区的创意T恤虽然显示出很好的发展势头，但在发展中也存在一些问题，主要表现在产品设计上的同质化趋向，版权无保证，抄版现象普遍，生产商质量参差不齐，创意T恤专卖店规模小、品牌少等方面。

1. 激发原创设计潜力，克服图案、风格同质化倾向。虽然创意T恤重在创意，但相互模仿跟风现象较为普遍。一旦某家品牌的图案受到市场欢迎，其他品牌便相继跟进，复制的现象在北京创意T恤市场并不鲜见。如对怀旧元素、革命主题及流行元素的使用在创意T恤设计中便有不少跟风模仿甚至复制。市场上原创性版权无法保证，创意图案被反复复制、模仿的现象在服装批发市场的T恤中尤为明显。富有个性的原创是创意T恤的生命力所在，失去原创的创意T恤将无以为继。北京地区无论在数量、质量方面都拥有国内一流的设计原创资源，建议政府相关部门和行业相关机构通过创意T恤设计竞赛、评奖、社会宣传等方式，激发T恤原创设计活力，将设计资源转换为设计生产力，营造利于原创设计的社会文化环境。

2. 倡导在T恤设计中体现北京地方文化。北京有着丰富的历史文化、地域文化及当代新文化资源，这些北京文化资源为创意T恤提供

了丰富的题材、主题的选择与形式元素，同时北京文化题材、主题的T恤也将成为北京文化的一个当代载体。对北京文化的理解不应局限于元、明、清的古代时期及民国时期的旧时代，梳理和使用新中国成立后及改革开放后新传统及文化资源也应是创意T恤设计选材的重要方面，也符合当代人特别是年轻人对T恤设计的流行性要求，使创意T恤成为北京精神、北京新文化的一个时尚载体。

3. 竖立整体设计理念，全面提升质量与服务，拓展市场与盈利空间。从调研考察看，北京创意T恤的创意表达形式比较单一，T恤设计主要关注图案，缺少对材质、款型的创意和开发。从调查的九家T恤店来看，六家的T恤材质是普通棉，三家是精梳棉，T恤材质较单一。事实上，中国目前T恤市场有比较丰富的原材料选择，世界上一些新型的原料如埃及长绒棉以及丝光棉、大豆纤维、玉米纤维等都有越来越多的应用。但在创意T恤领域，设计师主要关注图案，不注意对材质的选择与运用。此外，创意T恤的款型也较为单一。所调查的九家店的T恤都是圆领、直筒型或收腰T恤，缺少变化和不同种类。因而，创意T恤的设计应注重图案、材质、款型的全面整体设计，材质的运用是T恤整体效果的基础，好的材质穿着舒适度高，设计效果实现度也较高，因而有较大的价格与盈利空间。另外，进一步加大个性定制服务范围，降低定制数量起点，增加限量版T恤的生产销售，从而增强创意T恤的市场活力。

创意T恤穿的就是设计，设计是创意T恤的价值主体。文化资源、知识技术及个人创造力是文化创意产业的核心，设计产业是文化创意产业中典型的智力、创造力密集型产业之一，富于个性与原创性的设计不仅是创意T恤，也是北京文化创意产业中最为重要、最有价值的一部分。

/ 孙丽娜　　龚小凡

附录：北京南锣鼓巷创意T恤店

1. 创可贴8

创可贴8是北京最有名的创意T恤专卖店，2006年在北京南锣鼓巷开张，2007年创可贴8举办了中国首次胡同T台秀，一时声名鹊起，各大媒体争相报道，如《鲁豫有约》、《北京晚报》、新浪网、《城市周刊》等。店主兼设计师的英国人江森海（原名Dominic），在T恤上印制20世纪70～90年代的图案、标识，如"宫爆鸡丁"、"二元地铁票"、"收药"、"办证刻章"、"金鱼洗涤精"等图案，表达了他对那些特定年代的中国魅力的理解。

创可贴8的T恤男女款价位均为128元，男款有五个码（S、M、L、XL、XXL），女款有四个码（S、M、L、XL）。顾客群体主要是从十几到三十几岁的年轻人，中外顾客都有。创可贴8与北京顶级的摇滚乐队联手推出了一系列以乐队为主题的T恤设计作品，其中50%的销售利润用来赞助和培养年轻音乐人。在2010年10月16～17日的南锣鼓巷创意文化节中创可贴8就支持了创意集市活动的乐队表演。据创可贴8官网介绍，截止到2009年，创可贴8在北京的店铺已经扩展到三家，在全国已拥有六家店面。

创可贴8在南锣鼓巷61号的简约小店只有13平方米，但店面装修个性独特，墙壁用马赛克贴了数字8的字样，还摆放了两个20世纪80年代的暖壶，里面窗户上是用彩色玻璃装饰的邓小平头像，门口台子上的痰盂其实是名片盒，还有80年代常见的搪瓷脸盆，其装修风格与T恤的图案创意相呼应。

2. 肚脐眼

肚脐眼在南锣鼓巷开了两家实体店。2008年奥运会后，肚脐眼—幸福流氓店在南锣鼓巷开业，店主高文哲和李宁都是学美术的，高文哲主要负责设计图稿，而李宁则主管运营和外联。高文哲和李宁将对生活细致的观察，对童年时代快乐的回忆，对现实生活的幽默调侃都印在了T恤上，并画在了店铺的墙面上。

肚脐眼在用创意T恤讲自己的故事。它追求个性、简单和快乐，肚脐眼店铺里有一面墙画着可爱的涂鸦，有戴红领巾的小学生、课程表、课间操……"人人都有肚脐眼，就像人人都有自己的童年，都有成长中的故事。肚脐眼是个长不大的孩子，他认真读书，认真玩耍，认真恋

图13 南锣鼓巷61号创可贴8店面 ／ 图14 创可贴8店铺内部

爱，认真工作，认真生活在我们周围，他有一颗长不大的心，他是我们每个人。"店主人李宁这样解释肚脐眼的名字。"我们的创意不是空穴来风，都是对生活细致的观察，对童年时代快乐的回忆，对现实生活的幽默调侃，非常容易亲近，与其说我们是在卖产品，还不如说我们是在卖故事、卖情感、卖创意。"

肚脐眼店里夏天的T恤价格为99元，冬天帽衫价格为199元、249元。肚脐眼的顾客群定位是18岁到35岁之间、喜欢个性创意产品的年轻人。肚脐眼的网站很快就要上线了，淘宝商城也是肚脐眼"驻扎"的网络阵地，它的产品会更多地在网上销售。

3. 过客制造

过客制造是四合院式过客酒吧的一个扩展，1999年开业的过客酒吧于2001年开了过客制造，主要经营创意T恤及其T恤图案制成的招贴画、贴纸、水壶等。过客制造中男款T恤比较多，158元一件，有五个码（S、M、L、XL、XXL）；女款较少，128元一件，而且女款版型是小款、随身的版型，有三个码（S、M、L）。如果订做店中款式的T恤超过100件可打4～5折。据过客制造官网公布的数据，到2008年，过客已经推出了50余款设计。过客制造十分重视创意和设计，他们为*LONELY PLANET*的中文版发行提供了T恤设计，为香港导演王家卫参加嘎

图15 图16 图17 肚脐眼创意T恤店

纳电影节的《东邪西毒》导演版电影提供了海报和电影片头设计，与美国 *OUTSIDE*（《户外》）杂志合作设计制作限量版T恤，为BLACK DIAMOND 和NORTH FACE赞助的中国第一届广西阳朔攀岩节提供了标识、海报和T恤设计。

4. 南锣鼓巷NLGX

南锣鼓巷NLGX的定位是"独立原创的服饰品牌和创意社区"，Ed和Michel 两位居住在北京的华侨在2008年奥运会后开办了NLGX。他们的设计体现了中国特定时期的发展和北京的城市新风貌，如"老旧电视机"、"老五"、"不拆"等。NLGX店内的商品创意T恤与创意环保女包各占一半，T恤的价格在99～150元不等，为含80%棉的T恤，其设计展现了北京的发展与变迁，以及对中国传统标志的现代诠释。店中的创意环保女包以报纸为材料加工而成，有时尚、独特的特点，价格有100元、200元、300元等不同价位。

5. 本土意识和京工坊

本土意识和京工坊都不是创意体恤专卖店，本土意识除了卖创意T恤外，还销售多用途勋章、笔记本、信封等创意产品，其创意T恤的风格同

图18 南锣鼓巷NLGX创意环保包 ／ 图19 南锣鼓巷NLGX创意T恤

创可贴8类似，但主要是20世纪80年代的标志性元素，如"好好学习，天天向上"、"发展体育运动，增强人民体质"等标语口号图案。T恤的价格是89元，男女款同价。另一家南锣鼓巷19-2号京工坊主要是一家个性定制的店铺，但也销售自己原创设计的T恤。它的创意T恤是男女同款的白T恤，使用的是精梳棉。价格是99元两件，它是南锣鼓巷创意T恤价格最便宜的一家。与其他调查对象不同，京工坊接受顾客自己提供图案定制个性T恤及其他产品定制。

6. 不福不行

不福不行是2008年由一个三人乐队创立的T恤品牌。他们对图案的选择和设计倾向于趣味的表达，"蚁族出没注意"、"你要能减肥，我就能戒烟"等以交通标识、警告标识为题材的T恤设计都体现了他们对当代生活素材的汲取与提炼。它的面料选用精梳棉，采用进口环保胶浆丝网印刷，色彩保真、无毒、不伤皮肤、不褪色，强拉不裂，保存时间长。

我们一起去赶集

——北京地区创意市集调研报告

调研时间：2009年6月—2011年1月

调研地点：西单大悦城　南锣鼓巷　SOHO尚都　798艺术区

创意市集是当代创意产品展示与交易的一种特定形态，是当代
都市经济与文化生活中一道独特的风景。近年在国内许多城市兴起
的创意市集正在成为一个引人注目的流行创意舞台，一个展示和交
流设计理念与设计产品的空间。浓烈的生活气息与平民意识使地摊
成为时尚的另类先锋，成为当代设计中展现自我创意的平民舞台。
创意市集使生活与艺术、生活与设计融为一体。创意市集立足于生
活，面向大众，服务大众，人人皆可参与。它的出现体现了对创意
产品展示空间的探寻，对更便捷的交易平台的渴求。

简而言之，创意市集就是拿着自己做的东西去赶集。由某一主办方在某一地区或者城市，向有关部门申请一块场地，确定市集的举办时间之后，向社会公开征集创意作品并接受摊主报名。在市集举办期间，摊主和买家当面进行交流和交易。创意市集以民间的、非主流的方式，以特有的小型创意产品的交流销售形式，体现了当代设计对社会需求与消费实践的回应。

北京作为首都，有着三千年的历史与深厚的文化底蕴，已成为中国的创意核心城市。北京地区的创意市集在展现本土艺术、设计、文化的新潮流和内在动向，彰显创意人群在社会文化中的先锋地位等方面有巨大的引导作用。从2008年至今，每年北京都有数场具有一定规模与影响的创意市集，并以其鲜活的创意、时尚的气息成为北京创意经济中一个独具光彩的亮点。

一、2008年北京地区创意市集

2008年，作为中国创意经济发展的龙头城市，北京的创意市集接连不断，从古韵古味的南锣鼓巷到京城时尚地标西单大悦城，从科技气息浓郁的中关村到激情四射的迷笛音乐节，2008年北京共举行较大规模创意市集13场，参与人数不少于5万人，参与者平均年龄在20～30岁之间。

与前几年相比，2008年北京的创意市集正在形成自身的特色，参与的作品风格多样、设计感强，呈现出参与面广、形式灵活、数量多、注重创意等特点，体现出了青年创意人的创造热情。创意市集作品范围包括DIY手工作品（如潮流服饰、玩具精品、图书、工艺礼品、日用品装饰等），创意摄影，DV作品，创意车绘图案，原创音乐作品，创意行为艺术等。

1. 2008年北京地区创意市集的特点

2008年北京的创意市集的特点主要表现在三个方面：

（1）创意市集联姻时尚坐标。 2008年，创意市集的空间不再仅仅主打"地摊"而登入大雅之堂。一些时尚购物中心乐意将这一年轻人所喜爱的潮流形式引入店中，从而为创意市集提供了更为有利的举办场所，同时创意市集的火爆也为这些时尚购物之地招徕了更高的人气。

大悦城，这个被称做京城时尚坐标的购物中心，一直在力图营造青春、新潮、流行的个性气质，对于创意市集的热衷也成为其打造自身时尚个性形象的一项活动。2008年，《城市画报》、创意中国网与大悦城联姻，将IMART创意市集引入到这个年轻人的购物之地。10月4日，以"不想上班，享创意"为主题的IMART大悦城站盛大开幕。市集的诸多活动中，不但有原汁原味的IMART创意市集、IMART创意产品展，同时还有IMART互动加法创作、不插电音乐表演、主题派对等多种活动。对于创意达人们来说，这里不用席地而坐，免受风吹日晒，却可以享受便宜的租金、最佳的活动组织和大量的消费族群。活动举行的两天里人潮涌动，参与者和光顾者都大大超过了原来以公园和街道为场所的市集。将最新鲜的文化和时尚结合体IMART大胆引进大悦城，是大悦城引领时尚姿态的体现，也让更多关注时尚、热爱艺术的群体感受到：创意和品牌结合带来的是一场双赢之举。

2008年除西单大悦城外，北京另一时尚坐标SOHO尚都举办了近两个月的周末连续创意市集，主办方、参与方双双共赢，形成了具有青春、创意和时尚气息的京城文化空间。

（2）更多主体成为创意市集主办方。 2008年之前的创意市集主办方以国内最早创办创意市集的《城市画报》为主；2008年《城市画报》的"IMART创意市集"以日臻成熟的操作模式、个性化的运营理念、更灵活的举办方式在北京不断取得突破，为更多人所知晓。此外，其他举办方也纷纷加入创意市集的组织活动。2008年出现了疯果创意集市、西单大悦城、SOHO尚都、品德公关、囧Box创意盒子店、中间建筑、世纪华侨城实业有限公司、中央美术学院城市设计学院等主办单位。

（3）结合奥运，融入中国元素。 2008年北京创意市集不仅因与时尚购物中心联姻争取到了更多的社会注意力，市集作品的创意水准也日益提高。以往在创意市集上唱主角的往往是玩偶和T恤，而在2008年的创意市集中，越来越多的新奇物件冲淡了玩偶和T恤的"雷同效应"，各种徽章、笔记簿、项链、布艺、灯饰应有尽有，构思巧妙，独具匠心，并更多地考虑到了产品的实用性。

在2008奥运之年，当中国文化和中国元素感染全世界之时，北京的创意市集也刮起了民族风，在创意市集中出现了中国剪纸、漆画、泥塑等传统形式。在这些传统技艺亮相集市之时，年轻的艺术家们并没有简单照搬老形式，而是赋予这些民俗艺术新的时尚元素，如一个女摊主所展示的剪纸都是最为流行的图案，她甚至剪出了一套漂亮的婚纱礼服以及最新款的高跟靴。10月24日，在由北京市东城区交道口街道办事处、《城市画报》与创意中国网联合举办的"第三届南锣鼓巷胡同文化节暨创意市集活动"上，不足千米的巷子内，除了创意市集，还开展了民俗艺术表演、传统民间手工艺展示和胡同四合院展览等活动，将传统民俗艺术融入到时尚创意市集当中。

2. 2008年北京地区创意市集概览

（1）2008年1月26—27日 西单大悦城·疯果创意集市

主题：大悦城·疯果创意集市；地点：西单大悦城；主办单位：大悦城、疯果创意集市；服务内容：主办方提供桌子、椅子、桌布；活动规模：200个摊位；活动内容：T恤、画布、玩具任由来客涂抹；1万件原创商品现场展卖；现场乐队：Niterenrs、漂亮亲戚、双橙记、午夜飞行、糖衣娃娃、骆驼、傀儡戏、航航的子弹；活动官网：疯果创意集市；另外，著名歌星刘若英特地从台湾赶来助阵本次活动。

（2）2008年2月7—12日第二届中关村科技庙会——创意集市之70、80游园会

主题："我们的时代——七八十年代游园会"；地点：北京中关村步行街；主办单位：疯果网、中关村广场购物中心、新浪网；服务内容：主办方提供桌子、椅子、摊位桌布；怀旧集市于2月7—10日登场，创意集市被安排在2月11—14日。此次科技庙会把传统庙会的民俗、热闹喜庆的文化元素与时尚、科技、运动等现代元素相结合，在活动内容、形式等方面区别于一般庙会。庙会对商家一律免费，但要求商家所展示的商品符合环保、科学和健康过节的理念。科技庙会内容丰富，如看大片、练体魄、品美食、淘物件、嘉年华游戏、科技产品展销、798艺术新锐46组雕塑作品展等内容。"70、80游园会"是主办方在中关村新年科技庙会之下精心打造的一个亮点版块。无论在氛围营造还是细节安排上都旨在把人带入怀旧的童年时光，创造70、80后规模空前的怀旧大聚会。在游园会

里，消费者可以与"葫芦娃"、"蓝精灵"等经典动画墙合影留念；去怀旧集市淘弄儿时的玩具和童趣商品；听现场乐队用摇滚乐翻唱童年儿歌、老歌；参与活动现场组织的各种"儿时游戏"，包括跳房子、踢毽、搭积木、魔方、纸飞机等，赢取极具时代特色的红领巾等奖品。

（3）4月12—13日 南锣鼓巷iMART创意市集

主题："环保行动支持奥运"、"Bring Your Own Chopsticks：快乐行动 筷行动！"、二手环保大召集；地点：南锣鼓巷；主办：北京东城区交道口街道办事处 、《城市画报》、创意中国网、无线互联网、3G.CN；联合主办：歌德学院、绿色和平环保组织；StreetVoice.com；协办：露水十一唱片；活动规模：每天50个iMART创作人展位；参与方：知名设计师刘野+刘治治、无印良品MUJI + 歌德学院GI合作；礼品：环保布袋/环保手帕/环保纸本、中国传统民间工艺/玩具手工、国子监街琉晶坊等；现场表演："江湖"酒吧音乐人mimiliang、董佳佳、哪吒、阿Vane、三年八班、C8G3等。创意市集上还举办了环保意识名称标识设计征集展览，启动了南锣鼓巷标识征集大赛和旅游纪念品征集活动。此次活动还联合南锣鼓巷周边的餐饮一起参与，如德国Flo Eysler&IF Juices、如果果汁、鲜榨新疆石榴汁、印度烹饪秀，北京传统小吃艾窝窝、驴打滚、豆汁、焦圈、炒肝、爆肚、灌肠；评选两个"3G门户"最具创意展位并以现金奖励；活动期间如果手机登陆 imart.3g.cn，浏览创意市集无线官网可赢取"3G门户"创意大奖。

（4）6月22日 iMART创意市集北京798聚会

主题："娱乐互换！创意互联！"；地点：北京大山子艺术区

（798）751广场；活动流程：20日DE-NIGHT开幕Party（暨DE-DAY奖颁奖典礼）、21-22日14：00-19：00 iMART创意市集（室外）、21日新媒体音乐会（室内）、22日新媒体舞蹈（室内）；活动规模：60个摊位；本次创意市集是2008年北京夏日数字娱乐节的内容之一，娱乐节内容涵盖诸多数字娱乐前沿议题，包含未来的数字娱乐教育、随境与实境游戏、低科技数字娱乐、新媒体艺术、交互电视等。主体活动是共享的学生工作营、共享的专家工作营以及共乐的DE-DAY数字娱乐展。活动对所有愿意参加工作营的北京艺术设计院校学生开放，聚集国内外数字娱乐产业专家与院校教师齐聚一堂，最后将由学生和老师共同完成的作品展现在北京大山子艺术区（798）751动力广场。

（5）2008年6月28—29日 西单大悦城·疯果创意集市

主题："西单大悦城·疯果创意集市"；地点：西单大悦城；主办单位：疯果创意集市、西单大悦城；媒体支持：《0086》、魔时网；活动规模：40个摊位；活动内容：布上手作展、T-shirt现场丝印、T-shirt现场手绘、原创音乐会；活动免费参加。

（6）6月28—29日 SOHO尚都·创意市集之一

主题：SOHO尚都·创意市集；地点：SOHO尚都 北塔2F-4F；主办：范特西（北京）文化发展有限公司；协办：新浪博客、MOSH魔时网、《瑞丽》、《摄影之友》、《1626》、*FUN*!、《YOHO! 潮流志》；活动免费参加；活动规模：300个摊位；活动内容：《奋斗》电视剧官方T恤展卖、虞洋、旅行团、玛雅、SKO乐队现场演出、纸公仔涂鸦、彭磊的发条怪兽铁皮玩具展、Satan的画展、奔——摄影互动、黑荔枝《呼吸的意义》签售。

6月28—29日 SOHO尚都·创意市集之二

主题：回归创意市集；地点：SOHO尚都 南北塔B1、F2、F3、F3连廊、F4；主办：囧Box创意市集、SOHO尚都；媒体支持：《1626》、*FUN*!、elvita·威的生活便签；独家网络门户支持：《YOHO! 潮流志》；活动免费参加；活动规模：150个摊位；活动内容：创意产品介绍展、回归展、虞洋、旅行团、玛雅、SKO乐队等乐队现场演出、纸公仔涂鸦、彭磊的发条怪兽铁皮玩具展、囧文化标志展、画展、摄影展。

8月30—31日 SOHO尚都·创意市集之三

主题：让乐队和地摊回归创意市集；主办：SOHO尚都、品德公关、囧Box创意盒子店；地点：SOHO尚都西塔F1、F2、F3；活动内容：50个创意达人、6个演出乐队：牛奶@咖啡、摩卡乐队、欲望之箭、逃跑计划、午夜飞行等；一个大展："复制我"——2008 SOHO尚都创意透明展；活动免费参加。

（7）6月28—29日 北京华侨城创意市集

主题：以爱的名义——创意力量支持公益；地点：北京华侨城意大利风情街廊桥； 主办：世纪华侨城实业有限公司、中央美术学院城市设计学院；参与支持：中国红十字会、瞳の盟（青年艺术网）、艺术国际等；规模：意大利街区廊桥设摊位80个，每张桌子配两把椅子、主题桌布一张；活动内容：创意产品售卖（著名插画师现场手绘插画，参加市集作品竞拍的设计师将当天部分收入捐给四川灾区儿童）；原创潮流秀；手绘T-SHITE互动：T恤是印有华侨城logo的空白T恤，免费提供设计师和顾客进行现场互动；COSPLAY；街头舞蹈；涂鸦SHOW。

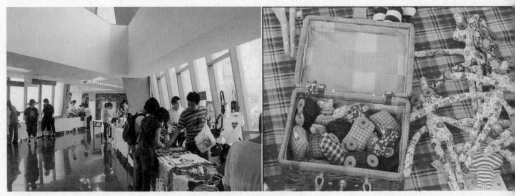

图1 图2 2008年8月30—31日北京SOHO尚都创意市集作品展示

（8）7月12—13日 "创意市集在西山"

　　活动主题："创意市集在西山"中间建筑创意园区第一届创意市集；主办：中间建筑；协办：风雨行国际广告传媒；地点：中间建筑艺术厅；规模：100个摊位（室内）；活动内容：原创商品现场售卖、阳光+音乐+创意+青春+展示+交流+演出；声音表演：民谣乐队倾情献声（不插电演出）；现场表演：大师现场绘画/手绘 剪影；艺术拍照：才艺现场秀 。

（9）8月7日—9月14日 北京妙典创意市集

　　活动时间：2008年8月7日—9月14日活动期间的每个周六、周日；场地规模：商场内部800平方米市集空间；费用：摊位费10元／天，单个摊位面积约 1×0.6M（参加者自行准备衣架、素体纸箱或台布展示作品）；报名方式：现场审核确认报名或网络预约报名，预约报名完毕后经审核通过，约定时间现场确认报名；活动内容：范儿货。收纳物品：书画、雕刻、艺术品、个性服饰、民族工艺品等；玩儿货。收纳物品：DIY手工艺品、造型奇特古怪的布艺公仔、个性化饰品饰物、纸类本簿制品、环保物料再创作类产品、动漫插画类、动漫涂鸦产品、艺术插画与绘画创作作品等；淘儿货。收纳物品：旧设计与艺术类书籍、设计产品类古董、古旧艺术品饰品、旧海报影碟唱片、具时代记忆的旧玩具、富有故事的个人私藏物品等。

（10）9月30日——10月2日 摩登天空音乐节·iMART创意市集

地点：海淀展览馆东门广场；活动规模与内容：200家原创产品和二手商品；销售产品的空间采取更自由的方式，既有去年音乐节体现魔方概念的3×3帐篷，也有开放型的摆摊卖场。

图3 图4 图5 2008年北京地区创意市集活动海报

（11）10月1—5日 迷笛iMART创意市集

地点：北京迷笛音乐学校；主办：iMART；主办方在离迷笛音乐节舞台不远的草地上提供六个大帐篷，参与者带上自己最特别的创意帐篷，大小帐篷同时使用，在绿地上建造"创意营区"；活动规模：百余名摊主；创意市集现场创意互动包括：创意产品展示区、创作工作坊、互动加法创作比赛、创意摄影展、多媒体艺术展、创意艺术雕塑展、创意艺术讲座、原创品牌发布会、跳蚤市场、集体互动游戏、创意打扮比赛、现场彩绘、记录片拍摄，关于《城市画报》i-Mart创意市集等。另外，气势恢弘的涂鸦墙，色彩绚烂的百分百手工缝制玩具，与人等身高的黑兔子，各种扭曲的木乃伊娃娃，各种革命题材的趣味玩具，市集上各式各样的设计作品吸引着一浪浪驻足的人潮，让音乐节和创意市集融合为一次热闹非常的民间狂欢。

（12）10月4—5日iMART创意市集西单大悦城站

主题："不想上班，享创意！"，张小盒为主题代言；地点：西单大悦城L1-B2；主办：《城市画报》、创意中国网、大悦城；活动内容：iMART创意产品展、iMART互动加法创作、张小盒互动环节、不插电音乐表演、主题派对等。

（13）10月24—25日 第三届南锣鼓巷胡同节暨创意市集

地点：南锣鼓巷胡同；活动内容：民俗文化艺术表演（扭秧歌、舞狮子、老北京叫卖、腰鼓），每天上午10点、下午2：30各表演一次；传统民间手工艺品展示（吹糖人、毛猴、面人、剪纸、中国结、泥人、风筝、草编、葫芦烙画、布堆画等）；传统小吃（吴

图6 图7 第三届南锣鼓巷胡同节暨创意市集活动作品

裕泰、隆福寺小吃、御食园、信远斋、浦五房（全素斋）；创可贴8模特走秀、砸摸茶艺表演、蓬蒿剧社现代舞等。

二、2009年北京创意市集

2009年北京共举办七场创意市集。北京创意市集在2008年的基础之上又有了一些新的变化，活动的组织日臻成熟和完善，创意市集策划者和主办者对市集也有了更深的理解和更清晰的思路。

1. 2009年北京创意市集的特点

2009年北京创意市集的特点主要有以下几个方面：

（1）依托各种成熟的载体实现自身的稳定发展。中国最具代表性的创意市集——IMART创意市集，开始设定自己的固定举办场所，从京韵胡同到创意空间的"京城新名胜"南锣鼓巷成为iMART创意市集2009年在北京的固定活动场所，大约平均两个月的某个周末举办一场活动。借助各种人气旺盛的大型音乐活动作为活动的平台也是2009年创意市集的一个突出特点。iMART创意市集与国内流行音乐最响亮的品牌之——北京迷笛音乐学校，创办的国内第一个原创音乐节——迷笛音乐节，建立了长期合作关系，在以后的每一届迷笛音乐节都举办创意市集。

（2）举办形式更加灵活，拓展生存空间，提升社会影响力。创意市集与各种赛事、传统节日、商场、学校、展会等的大型活动的联姻更加密切和深入。在市集举办地就近选择合作对象，如与创意市集附近的咖啡馆、酒吧、茶馆、餐饮业等共同举办活动。一场创意市集，带动一方经济。2009年，市集的形式更加灵活、包容，使其能与很多性质不同的活动共处一个平台而发展，同时又借助这些不同层次、不同性质的活动把创意市集的理念传递和渗透到社会的不同层面、不同人群之中，大大拓展了自己的生存空间，提升了社会影响力。但与以往不同的是，2009年一些主办方根据主题活动性质对摊主的作品种类加以限制，如5月的草莓音乐节上，由于音乐节赞助商的限制，主办方iMART市集不鼓励以T恤等服装类产品为主的品牌参与。

（3）在中国创意经济及文化创意产业中，北京作为创意城市的形象日益凸显。2009年，《城市画报》推出iMART BEST100创意联盟计划，旨在联络全球范围内100个关注原创的创意据点（店铺、书店、空间、个性旅馆等），以及100个优秀创意品牌、设计师，共同推动创意产品的展示与销售。在BEST100第一批创意据点中入选的北京本土品牌有：钱粮胡同32号、伊比利亚艺术商店、这个店、陈幸福、创可贴。北京是本次入选品牌数量最多的城市，从一个方面显示了北京作为创意核心城市的地位和创意潜力。

2. 2009北京地区创意市集概览

（1）4月25—26日 第四届南锣鼓巷创意文化节暨iMART创意市集

活动主题：为以文化艺术、广告会展、艺术品交易、旅游、休闲娱乐为主导的南锣鼓巷文化创意产业链提供集中展示与交流合作的综合平台，将南锣鼓巷打造为北京青年创意人才的就业创业见习基地，为北京青年创意人才提供集中作品展示、成果汇报、产品交易的舞台，全力促进青年就业创业；紧扣新中国成立60周年的主题，以创意之形、创新之态，引领年轻的力量，向新中国成立60周年致敬；以"北京元素"为核心，创新传承、创意未来，向人们展示南锣鼓巷的文化创意空间；主办：本次活动是2009北京青年创意周的系列活动之一，由北京市工商行政管理局、北京广告协会、中青校园先锋文化有限公司等单位发起，联合北京各相关区县、高校、媒体等举办。

作为2009北京青年创意周系列活动之一的南锣鼓巷创意文化节包含了南锣鼓巷创意市集、南锣鼓巷独立音乐节、南锣鼓巷戏剧周、祥云落谁家——奥运景观物资环保再利用设计方案现场征集活动等七大板块。活动期间南锣鼓巷内有汉服表演、非洲音乐、欧洲魔术等即兴演出助阵，烘托胡同喜庆气氛。此次创意市集的产品丰富，风格多样：彩绘"兔爷"、鬃人"毛猴"、发卡"小耳朵"、手缝"袜子玩偶"等，老北京失传手艺与新一代创意达人同街叫卖，参与者既有来自国内各地的创意达人，又有胡同节主办方请来助阵的老北京手艺人。

（2）5月1—3日 草莓音乐节·iMART创意市集

连续两届摩登天空音乐节大获成功之后，摩登天空再创全新音乐节品牌——草莓音乐节；地点：北京通州运河公园；主办：摩登天空音乐唱片公司；活动规模：此次活动是"五一"期间北京最大规模的音乐节，2万平方米超大草坪，三个舞台：草莓舞台、爱舞台、电子舞台，邀请到来自海内外的67组各类风格艺人，"春天"、"浪漫"、"爱"是草莓音乐节的关键词。在草莓音乐节上开设了iMART创意市集，市集上有30个优秀的原创品牌的摊位在此展示及销售自己的产品，产品包括精品限量复古T恤和原创帆布包、优品杯垫系列、复古徽章、贴纸、卡贴等，产品种类丰富，富于原创性；收费：音乐节门票（每个摊位提供免门票名额一个）80元/天、180元3天通票（限3000套）。

（3）5月23—24日 创意市集·Intro2009电子音乐会站

地点：北京大山子798艺术区 751D-Park时尚设计广场；活动规模：3个舞台，15小时，28名艺术家，1万名参与者，4.6万平米露天广场——中国有史以来最大电音盛会；在电子音乐会站上设立了30个摊位的创意市集，此次活动主办方鼓励摊主们就电子艺术、后工业之美等主题创造特别产品。由于音乐节赞助商的限制，本次市集不鼓励以T恤等服装类产品为主的品牌参与。

图8 图9 2009北京青年创意周暨南锣鼓巷创意文化节活动现场

（4）7月31日—8月31日 夏日领航summer pilot音乐季·iMART创意市集

地点：国家奥林匹克体育中心北门足球场；活动期间的每个周末在奥体北门足球场举办户外音乐节，邀请国内外的知名艺人带来精彩演出；主办：飞行者唱片公司；活动内容：音乐节上设立了创意市集，演出除摇滚等流行音乐外，还有相声曲艺、talk show、实验话剧等多种艺术形式。本次创意市集时间横跨整个8月，分为5个周末5场活动，分别为每个星期五至星期天的3天。

图10 图11 图12 2009年北京地区创意市集活动海报

（5）10月17—18日 南锣鼓巷·iMART创意市集

　　主题：iMART创意市集·创意支持公益；主办方举办"创意支持公益"沙龙，和观众一起探讨创作人参与公益的途径，邀请北京数家公益机构参观，创作人如有与弱势群体建立加工合作意向，便在自己的摊位牌上贴上"乐创益"的标识，将有乐创益工作人员陪同公益机构进行了解，并与摊主取得联系；活动规模：市集摊位数量：50个，参与摊主：105人。此次活动的内容还包括：2009年壹基金典范工程及潜力典范的入选公益机构展出、南锣鼓巷标识和旅游纪念品征集活动揭晓颁奖晚会等。

（6）10月22—25日 北京世界设计大会暨首届北京国际设计周·iMART创意市集

　　主题：本活动以"人文、科技、绿色"为主线，策划三个主题展，反映设计在改善人的精神与物质生活条件、创新和科技发展、绿色能源开发等方面的应用，以及对民生、经济、社会、城市发展起到的积极作用和影响；通过一系列展览，以世界及国内的优秀案例来揭示设计创造力如何带动城市迈向高新创意经济发展之路；主办：此次活动是北京世界设计大会暨首届北京国际设计周活动的一个分会场，由北京职工体育服务中心及北京体育之窗文化传播有限公司承办；地点：北京工人体育场，iMART创意市集在工体北门附近文化创意园区的1号展厅和2号展厅举办；活动内容：市集的产品有各式饰品、漫画、瓷器等各种日用品，为设计师、创意相关企业和消费者搭起一个沟通交流和作品交易的平台。

（7）11月1日 iMART "东西 得意" 市集

主办：iMART创意市集；活动地点：朝阳区三里屯 VILLAGE北区The Deck；活动流程：i-MART东西得意市集（上午10点—下午5点）+无声Disco（下午3点—下午5点）；参与者：来自北欧和中国的设计师、艺术家以及其他个人的创意市集，也欢迎设计师的二手物品。本次活动主办方采取"邀约"的形式，结合活动报名情况，邀请了大约二十位设计师参加活动。

三、2010年北京创意市集

2010年北京地区较大规模的创意市集有六场。2010年北京创意市集在前几年的基础上其活动的举办、运作更为成熟，社会影响更为广泛。创意市集一方面从政府和社会各界得到了更多的支持与鼓励；另一方面伴随着对工业化、标准化产品的厌倦，对手工制品的热衷，社会大众对创意市集的认知度也在不断提升。

1. 2010年北京创意市集特点

2010年北京创意市集表现出以下两个特点：

（1）支持并适宜创意市集生存发展的文化创意空间开始形成。经过数年的摸索与实践，北京开始形成一些支持并适宜创意市集生存发展的文化创意空间。这些空间有的是依托特定文化地理环境的场所，如南锣鼓巷。南锣鼓巷自2007年以来每年举办一到两次大型创意市集，既为市集提供了活动空间，又大大凸显了南锣鼓巷的创意、时尚的品牌形象，双方互动互赢。在2010年又举办了第五届南锣鼓巷胡同节·iMART创意市集。同时，这些空间也有以特定活动为平台的流动活动空间，如2010年草莓音乐节、长城探戈坞森林音乐节等以大型音乐节为平台举办创意市集，也逐渐成为北京市集活动的一个突出特色。

（2）首次出现大型专题性动漫创意市集。前几年北京举办的市集，其产品类型基本是"全覆盖型"的，即涵括各种产品类型。2010年京城首届本土动漫创意市集亮相，就动漫书刊、玩具、服饰等动漫相关产品进行了专题展示与交易，显示了北京创意市集活动的专业领域区分与细化，在北京及全国的漫友人群中产生了较大影响。

2. 2010北京地区创意市集概览

（1）5月1—3日 草莓音乐节·iMART创意市集

地点：通州运河公园；活动规模：场地使用面积11万平方米，六个舞台："草莓舞台"、"爱舞台"、"重型舞台"、"豆瓣舞台"、"电子舞台"、"校园舞台"，132组海内外艺人参加，为国内音乐节历年来面积最大、舞台最多、参演艺人最多的一届音乐节；乐队与歌手：Deerhoof、Arms and Legs、重塑雕像的权利、声音碎片、宠物同谋、脑浊等摇滚乐队；张楚、王若琳、曹方、老狼、周云蓬、小娟等气质歌手；收费：摊位费400元（每个摊位各两个草莓音乐节3天免费入场资格）；门票60元（预售价）/80元（当天价格）/天、3天通票价值180元/套 ；在本次创意市集上，有不少优秀的原创品牌的摊位在此展示及销售自己的产品：美好青春的复古手工系列、艺呀手绘卡通漫画系列，还有各种手工卡片、明信片、玩偶、钥匙扣等。

（2）8月8—29日 北京节拍——歌华创意市集

时间：2010年8月8—29日（逢周五、六、日）共计10天；地点：北京市海淀区复兴路甲9号中华世纪坛南广场 ；主办：北京歌华文化创意产业中心；服务内容：现场免费提供摊位、遮阳伞、桌椅等基本物料支持；活动内容：作为"北京节拍"活动的一个重要组成部分——歌华创意市集旨在充分展现北京市民的精神风貌、满足人民群众日益增长的文化新需求，鼓励艺术家与设计师的原创，为百姓打造自娱自乐、展示才华和风貌的大众文化活动平台；活动主办方在活动现场划分专门的创意市集区域，为摊主提供一个创意作品的交流、交易平台；市集的产品均是来自社会、民间、高校设计师的原创作品。同时，市集还与我秀我舞台、涂鸦约"绘"、多元艺术等其他众多动感演出、时尚艺术形成互动；收费：摊位免费，参展单位须交纳50元/摊位押金。

（3）8月27—29日 2010长城探戈坞森林音乐节之创意市集

地点：延庆探戈坞音乐谷；主办： 延庆县人民政府、北京探戈坞旅游开发有限公司、IDG中国媒体基金；承办：摩登天空音乐唱片公司；活动内容：此次首届长城音乐节设三个舞台，邀请海内外众多知名艺人参加，主打夏季露营狂欢，每日下午开始，狂欢活动一直持续至深夜；乐队与歌手：本次长城音乐节共邀请了72组国内外各类艺人，除罗大佑之外，更邀请到来自美国的The London Souls、Arms and Legs、Grass Widow，以及来自德国的Maximilian Hecker(麦斯米兰)等四组海外艺人，以及左小祖咒、谢天笑、重塑雕像的权利、病蛹、声音碎片、秋天的虫子、扭曲机器、宠物同谋、废墟、刺猬、AV大久保等众多国内一线乐队；此次活动的创意市集区域规格：每个摊位3×3×3立方米,音乐节提供每个摊位一套桌椅，一套帐篷；收费：600元（3天）/摊位。

（4）10月16—17日 第五届南锣鼓巷胡同节·iMART创意市集

主题："展东城非遗，看南锣变迁"，此次活动为第五届南锣鼓巷胡同节活动，南锣鼓巷胡同节是国内第一个以胡同文化为主题的节庆活动；地点：南锣鼓巷；主办：东城区交道口街道工委、东城区交道口街道办事处、东城区文化委员会等单位。

此次南锣鼓巷胡同文化节推出三大活动：第五届南锣鼓巷胡同

图13 图14 图15 2010年北京地区创意市集活动海报

图16 第五届南锣鼓巷胡同节　iMART创意市集活动现场

节开幕式晚会、2010年南锣鼓巷保护与发展论坛、文化活动展演展示。在展演展示活动中的非物质文化遗产和居民手工艺品展示板块中，主办方邀请东城区二十余位非物质文化遗产项目的代表性传承人、工艺美术大师现场演示制作技艺，展出数百件作品，立体化展现东城区非物质文化遗产的精湛手工技艺。同时还展出了交道口街道社区居民的上千件手工制品，一些物品是市场上很难见到的手工佳品，比如玲珑枕、绢画、蛋雕以及泥人作品等。在展演展示活动的创意市集、动漫衍生品展示和涂鸦艺术板块中，向全国招募八十余位创意达人和动漫设计公司，展示上千种创意产品和动漫作品，并进行现场涂鸦艺术表演。通过胡同节，此次活动为众多创意设计人、创意机构搭建相互交流的平台，为在南锣鼓巷创业、就业和售卖创意作品创造条件。

（5）10月29—31日 《城市画报》11周年庆"城市之光"主题活动·iMART创意市集

　　地点：朝阳区东三环中路24号乐成中心户外广场；主办：《城

市画报》、乐成中心；摊位数：40；活动内容：此次活动包括琴键音乐会、楼体巨幕投影、iMART创意市集、广场艺人集、乐队表演、光影艺术等7个环节，具体内容有：中国歌剧舞剧院音乐演出；楼体巨幕投影即楼体投影视觉艺术表演，10名在音乐、艺术、科学等领域的世界名人头像，将以波普艺术的处理手法展示、投射于楼体墙身之上；iMART创意市集则被分为创意市集、成熟品牌展卖区、互动投影装置区、iMART创意市集摄影展区、艺术涂鸦区等5个区域，并且有非洲鼓队的现场表演为市集助兴；广场艺人集中汇聚了各国舞蹈表演、乐队及乐器表演、行为艺术（活动雕塑等）、杂技表演等精彩演出。

（6）11月20—21日 京城首届本土动漫创意市集

　　主题："动漫、创意、市集"，此次本土动漫创意市集意在激发青少年自主创意热情，为其提供一个展示、交流创意的舞台；地点：海淀区中关村南大街30号东联艺术工社；主办：北京龙之城动漫店；媒体：北京漫动天地文化传媒有限公司（"看动漫"图书出版集团）；活动内容：在此次本土动漫创意市集上有超过100组知名动漫团体与动漫游戏厂商积极参与，由来自上海、杭州、广州以及北京本地的动漫创意社团与京城著名四大COSPLAY社团联手共同在现场进行舞台剧演绎。除了精彩的舞台剧之外，此次创意市集还有市集的展览，产品围绕动漫题材设计，如动漫玩偶、经典动漫书刊、文艺纸品、创意玩具等。

四、北京创意市集是北京文化创意产业中的新生力量

　　时代的发展与现实的需求，要求更多的创意与更好的设计。在北京文化创意产业的发展中，不仅需要专业化发展较为成熟的品牌化的大设计、大制作，也需要北京创意市集这样人人皆可参与、灵活多变的民间创意与草根设计。以创意为主导，以方便、灵活、自由的方式交流销售产品的创意市集的出现不是偶然的，它的出现是一种适时之需，它顺应注重创意和个性化的设计发展趋势，符合社会发展的需求，是对更具个人创意、更物美价廉的大众消费产品需求的一个积极回应。创意市集将"设计"和"创意"平民化，将更多的人带入创意世界和设计领域，是普及创意设计和创意文化的展示和推广平台，对推动形成涌现创意人才、创意产品的社会文化环境具有十分积极的作用。同时，在北京的文化创意产业中，北京创意市集不仅体现着对人的潜在智力的开拓和人的生活质量的提升，其手工制作、少量生产的绿色生产方式也具有低碳环保的积极意义。

创意市集正在成为北京一个重要的流行创意舞台，一个展示和交流设计理念、创意产品的空间，一个商业和艺术结合的场所，一个立体的生活艺术大联欢。北京创意市集强烈的生活气息与平民精神，成为平民设计展现自我创意的平台。创意市集立足于生活，立足于大众的需求和利益，使生活与艺术、生活与设计融为一体。经过数年的发展，北京创意市集正在成为北京文化创意产业中展示、传播"创意"的动感空间与鲜活载体，并成为北京城市新文化的一个独特组成部分。

／刘春芳　时娟娟

从老北京胡同到京城创意空间

——北京南锣鼓巷特色店调研报告

调研时间：2009年5月—2011年1月

调研地点：南锣鼓巷

一、从老北京胡同到京城创意空间

南锣鼓巷北起北京鼓楼东大街，南止地安门东大街，全长786米，宽8米，与元大都（1267年）同期建成，至今已有744年历史。南锣鼓巷的称谓是从明代罗锅巷衍变而来，因其地势中间高、南北低，如一驼背人，故名罗锅巷，后音转为锣鼓巷。明、清以来，这里居住过许多达官贵人、社会名流，这里有明、清之际著名人物洪承畴的家祠、清末僧格林沁的王府、大总统冯国璋的宅第、文学巨匠茅盾故居、詹天佑故居等。南锣鼓巷的架构是以南锣鼓巷为轴线，两侧对称分布着八条平行胡同，呈鱼骨状，是我国唯一完整保存着元代里坊制胡同院落，规模最大、品级最高、资源最丰富的棋盘式传统民居区。

　　2005年以前的南锣鼓巷还是一条十分破旧、狭窄的小胡同，如今已成为一处京城新名胜。南锣鼓巷的形象定位是"大都之心、原生胡同、民居风情、创意空间"。"大都之心"标明了南锣鼓巷曾作为元大都几何中心的重要区位地标的意义，"原生胡同"、"民居风情"体现了南锣鼓巷作为老北京传统民居的历史文化价值，"创意空间"则展示着今天南锣鼓巷传统文化与创意产业的结合与提升。近年来，随着一批文化投资者、艺术爱好者和休闲旅游者的介入，南锣鼓巷呈现出快速发展的态势，已具令人瞩目的产业特色和文化创意氛围。

　　随着物品的丰富和生活水平的提高，人们对生活用品的要求也越来越高，需求也更多样化，那些富有创意的特色产品越来越受到人们的青睐。南锣鼓巷也正是由于其特色鲜明的各色产品而成为北京一处著名的创意空间。截止至2008年，南锣鼓巷主街商户由2006年的76家商户发展到现在的115家，基本上都属于文化创意产业，其中民族工艺品、艺术品交易类的商户36家，占30.4%；酒吧、咖啡类的商户34家，占29.6%；文化餐吧类的商户22家，占20%；客栈会所类的商户5家，占4.3%；创意工作室5家，占4.3%；其他类商户13家，占11.4%。

　　南锣鼓巷主街商户的店铺部分是店主自己的房子而兼做店面，大多数店铺是店主租用的房屋，屋子的面积不大，小间大概为6平方米，像店铺北京卡片；大间的为20平方米左右，如店铺兴穆手工，店铺苯苯。随着知名度的打响，南锣鼓巷店面的租金也是水涨船高，2005年，这里一个50平方米店面的月租金大概是5000元左右，现在涨为1.2万元左右，即便如此，如今要想在这里开店，也很难找

图1 嬷Woo店 / 图2 在别处店

到合适的地方。

南锣鼓巷主街店铺的客流量较大。由于地处鼓楼附近，有不少外地游客和国外游客光顾。每年旅游旺季的第二、第三季度，平均每个店铺每天接待人次为1000次左右，其中约40%为国内的外地游客、30%为国外游客，其余的大多为本地客源。

在"创意空间"的定位下，大多数店铺经营的产品为手工制作的创意玩偶、饰品、文具、服装等。65%的店铺经营多类产品（三类以上），35%的店铺是一种产品的专营店。除了产品本身的创意外，各个商家的店铺名称设计、门面装饰设计、店铺展示设计也很有创意。如嬷Woo（图1）是一家围巾的专营店，其店面装饰及店内展示设计极具中国韵味。一进门，便看到大幅京剧脸谱的印制丝巾装饰画，黄绿彩陶荷花矮缸里养着红金鱼，店内用来展示围巾的木质柜子和架子都是典型的明清家具的风格。再如，在别处（图2）是一家经营玩具的小店，在店内可以找到80后儿时的很多玩具，店主说取"在别处"这个名字是想进到店里的每一位顾客都能回忆起童年玩乐的时光，即回到从前那个不同于现在的"别处"。

自1990年11月被列入北京市第一批25片历史文化保护区以来，南锣鼓巷一直都有游客前来参观。随着游客数目的增加，其店铺经营的种类也日趋完善。除了拥有经营创意产品的店铺外（图3、图4），南锣鼓巷还拥有多家咖啡店、食品店和餐厅，为游客提供集购物、休闲于一体的服务，使游客在选购创意产品之余，可以驻足休息，品味北京特色小吃或西式大餐。

二、南锣鼓巷创意特色店

1. 产品类型及风格特点

我们将南锣鼓巷主街店铺经营的产品类型分为饰品（如饰绝），工艺品（如杂客、鸡蛋花花、乐天陶社、视界手工制陶），服装（如创可贴8、小满意大衣橱）和其他（如Dé jà Vu玩具店、传

图3 兴穆手工店 ／ 图4 北京卡片店

运书刊、兴穆手工），共四大类。个性鲜明、富有创意、多为手工制作是其产品的突出特点。

（1）手工制作

南锣鼓巷经营的特色产品大多为手工制作，兴穆手工和乐天陶社是其中比较典型的代表。兴穆手工经营的主打产品为手工制作的各式写字本、笔记本，其主要创意和突出特色在于将中国元素融入牛皮纸和麻绳之中（图5、图6、图7）。

图5 图6 图7 兴穆手工的原创本子

走进兴穆手工店铺，给人一种朴素的中国风的感觉，左右两面靠墙放着近1.8米高的书架，架子上摆着各种大小不同、图案各异的牛皮纸本子。店主按自己的标准把本子分为A、B、C、D、E等几种不同规格，按我们日常熟悉的开本来说，大约是64开、32开、16开，在此基础上又大小各不同。

本子封面的设计很有中国韵味，从十二生肖、京剧人物脸谱到水墨画、名著人物等应有尽有。这些图案主要取材于中国传统的水墨画、青铜器图案、吉祥纹样、脸谱、书法、剪纸、年画等，以中国特色见长，有的是经店主手绘后再处理的，有的是直接拿已有的民间元素印上去的。在色彩方面，由于图案是印在牛皮纸上，使原本五颜六色的鲜艳图案变得古朴素雅，与本子整体的色彩、风格相一致。

除了用图案装饰的封皮，还有一部分本子的封皮是直接用麻绳装饰。比如店里有一种本子16开大小，类似一本杂志，左右翻页，封皮很简单，就是硬纸板涂上浅白色的丙烯材料，最吸引人的是左边靠近装订处一侧的麻绳盘成的图案。据店主说，他的灵感源自于青铜器图案，一般的青铜器上边会有回行文，就是用一根线，可以把一个面或者多个面铺满。

从本子选用的材料上看，都是结实耐用的牛皮纸。牛皮纸颜色泛黄，使本子具有古朴怀旧的风格。还有麻绳、麻布也都是当今人们追求返朴归真的珍爱之物，体现了产品的民间风格。从装订方式上看，兴穆手工的本子大部分采用的是最简单的装订方式：穿一个孔，然后用一根细线系起来，简洁又朴素，而且裁剪很好，没有粗糙滥制的感觉。

店里本子的价格从5元到200元不等，价格主要依规格大小和工艺不同。一般而言，手工制作越多，价格相应也越高。比如手绘的图案，与借用的剪纸题材的图案价格当然不同。还有一些本子封皮用的是牛皮，因为牛皮材料的成本高，所以本子价格也高。

乐天陶社是一些陶艺设计师开的店，开店的目的是为陶艺家和爱好陶艺的人士提供欣赏陶艺及手工制作陶艺的艺术空间。乐天陶社店铺的外部颜色为灰色，木质的格子架上展示着各种创意小瓷器、瓷盘、瓷偶。这些产品的设计风格是传统与现代的结合。在传统瓷器器型的基础上，用现代的装饰手法，使产品造型十分新颖，极具创意，而且瓷器的胎白釉亮，精美程度很高（图8、图9）。除了可以选购成品外，顾客还可以亲自体验动手的乐趣。

图8 乐天陶社瓷杯 ／ 图9 乐天陶社瓷盘

兴穆手工与乐天陶社是南锣鼓巷创意店铺中以手工制作为特色的典型代表。"兴穆"本子的剪裁虽然没有机械制作的整齐感，却有一种手工裁切的自然与亲切；"乐天"瓷器的器型虽然少了模具制作的规整与圆润，却有手工劳作的原始感与自然感。

（2）突出创意与个性

南锣鼓巷产品的另一个特点是个性、特色突出，富有创意。产品设计的独特性是吸引客源的重要因素之一。火柴语录是南锣鼓巷中一家专营火柴的特色店。近年来的火柴突破了以往单纯的实用功能，有了收藏、馈赠、玩赏等多重功能。火柴语录所经营的火柴，在火柴盒的包装设计上采用了手感细腻的纸品，根据不同图案制成了系列产品，如一套"十大元帅"的火柴，将新中国"十大元帅"的头像分别印在十个火柴盒上，具有收藏价值。同时还有系列卡通图案的火柴，如网络上流行的"兔斯基"的主题图案，网络最IN语言等时尚元素也被印在了火柴盒上。在型制上，火柴盒不仅有方形

图10 鸡蛋花花店面 ／ 图11 鸡蛋花花布偶 ／ 图12 DéjàVu!玩具

的，还有圆柱形的，这种形式打破了原有的设计概念，极具创意。而且火柴头颜色也不是原有的单一绿色，加入了紫色、黄色、黑色……

鸡蛋花花是一家家居饰品专营店（图10）。走过店铺的小木门，满眼都是花布缝制的靠枕、坐垫、布偶（图11）。这里所有的产品用的都是同一种花型花色的布料，红底小碎花和绿底小碎花。靠枕、坐垫、布偶的造型都是统一的可爱小猫的形象，风格一致，特色鲜明。

怀旧风亦是展示产品个性的好方式。"Dé jà Vu !"是一句法语，也是一家回味80后的玩具店的名字，店主也是一名80后，每位走进这家店铺的80后看到那些从小伴着自己长大的铁皮玩具或是发条玩具，都会想起童年的故事。店主把这里玩具的历史介绍给我们说，小时候玩的玩具现在在普通的玩具店里已经找不到了，只能在个性玩具店中才能找到（图12）。店主抓住顾客对旧时美好时光的怀念，成功地开办了这家玩具商铺，吸引了大批游客。

将中国和北京元素融入到产品的设计中去同样能体现店铺的特

色与个性。在老外眼中，什么才是北京的符号？除了故宫、长城、烤鸭，其实地铁的老三元车票、老房子门牌号以及出租车1.2元/公里标价牌，这些当代北京人非常熟悉的物件儿，在老外眼中的文化分量丝毫不亚于祖辈们传下来的瑰宝。而这些北京的新符号都可以在南锣鼓巷里一个叫创可贴8的特色T恤店淘到（图13）。创可贴8的店主英国人江森海1993年落户北京便扎根在南锣鼓巷。走进创可贴8，让人感觉如同置身于20世纪80年代的北京。搪瓷红脸盆、老铁皮玩具、儿童三轮车等店铺的一面墙采用了类似公厕的创意，大大的白瓷砖墙上醒目地写着"男左女右"。另一面墙是翠绿色底印花，上面老旧的红色"炒豆胡同"的门牌显得格外的醒目。

店内的T恤有六十多种，T恤上印着具有北京特色的图案和标语，比如"三元地铁票"是一件印着北京2号线地铁票图案的T恤；一件T恤上面印着20世纪六七十年代的几个妇女形象,下面一行大字"妇女也能当英雄"（图14）；黑色的T恤上印着"8两粮票"和"最高指示"；白色T恤上印着毛主席头像，下边一行字"为人民服

图13 创可贴8招牌 ／ 图14 妇女也能当英雄创意T恤

务"；一种T恤上印着阿拉伯数字8，其底纹图案是红蓝格子相间的塑料编织袋……店主希望他的T恤能成为北京的一个侧影。他希望人们能够看到北京10年、30年前的样子，他认为北京人不仅仅需要酒吧街，也需要南锣鼓巷的这种三元地铁票T恤。

2. 产品生产

一般产品的生产形式不外乎手工生产和机械生产两种方式。机械化生产模式会带来产品的单一化，而手工生产相对来说具有丰富性、多样性和随机性。虽然手工生产的速度远远比不上机械化生产，但正因为手工生产的量比机械生产的小，其价格也比机械生产的同类产品要高，如今的消费者越来越喜欢限量版和手工制作的东西。

（1）手工生产

南锣鼓巷大概35%的特色商品店是以手工生产打响招牌的。饰绝是一家纯手工的品牌首饰店，店主完全手工制作各种饰品，绝对独一无二。其产品包括手链、项链、耳环、腰链、脚链、戒指、胸花、服装鞋帽装饰物等上百种，都由店主亲自设计完成,每件产品都不仅仅是一件商品,还是凝聚创意灵感的艺术品。店内摆放有很多色彩斑斓的玻璃罐，里边放着上万枚彩色的琉璃珠，设计师通常按照顾客的着装和皮肤的色泽挑选合适的彩珠，并测量顾客的颈长来进行现场设计编制。

除了自己手工设计制作各种产品，饰绝还给客人提供个性化的服务。他们不仅引导顾客和喜欢自己动手的朋友亲自来制作属于自己的个性饰品，也按顾客需求设计符合特定人、特定场景、特定服装的特殊饰品。如果你有好的方案和构想可以和店主沟通，或是根据店家设计定做自己喜欢的饰品。

乐天陶社是一家传统东方陶艺制品的精品店，也主张自己动手做陶器。它为陶艺家和爱好陶艺的人们提供了欣赏陶艺及制作陶艺的空间。手工生产往往能够给劳动者带来创造性的、富有成效的使用他们的双手和大脑的乐趣。通过亲手制作陶器，你可以体会到手与脑的协调运动、手与泥土的亲密接触。经常光顾这里的顾客推荐说：“在南锣鼓巷里，人们总是很慵懒，希望能够逃脱平日工作的紧张和繁忙，有时候试试看动手做点什么，哪怕就是一件简简单单的盘子，都会让你感到莫大的乐趣和放松。”

（2）机器生产

由于手工生产所耗费的劳动力和时间较多而产量较小，所以45%左右的店以机械生产的方式扩大产量，缩短生产时间，进而提高销售额。如创可贴8，当店主有了新的灵感通常先用电脑设计出来，再将设计交给生产T恤的厂商进行批量定制。嫵Woo围巾店内各种款型的围巾、披肩都是由公司统一设计出来后，根据各种款型价格的高低来进行不同的批量生产。再如兴穆手工的本子，开始是几个人纯手工制作，手绘封皮图案，装订也是手工，这样产量太低，后来逐渐形成分工合作、流水作业，也做批量生产，产量就跟上来了。

（3）个性定制

在南锣鼓巷中，有一些店是以大批量的机械生产为主，以小批量的定制服务为辅。现在手工制作的东西很受市场欢迎，如兴穆手工笔记本除了有大批量生产的系列产品，也根据客人的个性化需求提供定制服务。其提供的定制服务主要是两方面：一是图案方面，如果客人选定一种规格，店里可以根据客人提供的图案来做封皮，如现在许多人喜欢把自己的照片当做本子的封皮。另一方面还可以根据客人的特殊用途来量身定做，比如你是想做相册，还是为了携带方便等。店主介绍，曾经有一名搞服装设计的女顾客，她要求本子里面能放CD、便签，还要放布样，而且布样可以随时拿下来。她们便根据顾客的这种个性需求，专门为她度身定做了一个本子。个性定制满足了现代人对个性、独特性的追求。

3. 产品销售

在南锣鼓巷的各色店铺中，尽管也有一些店家是通过批发销售别人的品牌来赚取差价，但自产自销确是南锣鼓巷店铺最具特色的销售方式。在南锣鼓巷买东西，不同店家对价格的掌握也不同，有的店产品可以还价，有的则不还价。

（1）自产自销

自产自销就是将自己设计制作的创意产品在自己的实体店铺中摆放销售，很多规模不大的店都是这种销售方式，如卖手工饰品的饰绝、卖各式明信片的北京卡片、卖笔记本的一朵一果等。

（2）特约经销

具有一定的市场，规模较大的店一般除了自产自销的方式外，还会在其他地区以特约经销的方式销售产品。像兴穆手工现在有一个手工作坊，店里产品仅自产自销，南京、丽江以及北京本地都有人来批发，卖产自兴穆手工的东西。其特约经销店在北京就有4个（荷花市场店、798店、时尚廊店、建外soho店），在长春有3个，南京有2个，上海和贵州各一个。

创可贴8同样拥有广阔的市场，虽然目前只有两家店，但其业务已经拓展到了海外，美国、新加坡、德国等国家都有代理商，还授权给英国的一个服装品牌，专门在欧洲生产创可贴8品牌服饰。

（3）网络销售

随着电子商务的迅速发展，网上销售现在已经铺天盖地。据我们了解，南锣鼓巷大部分商家除了有自己的实体店销售产品外，也都有相应的网上店铺。如兴穆手工、乐天陶社、鸡蛋花花等，在创立实体店的同时，为了宣传和销售的需要，网上店铺也随之产生。网络销售成为实体店销售的一种辅助方式。

（4）灵活促销

为了扩大销售，各商家想尽办法宣传其产品，形成了灵活多样

图15 胡同里的模特走秀

的促销方式。在这方面创可贴8可以说是最成功的一例。店主做了很多别人没想到的活动和宣传。起初，他去哪儿都会带着创可贴8的标志和贴画，到哪贴哪儿，送给别人。在2007年夏天店主做了北京第一个胡同模特走秀（图15），还建立了自己的宣传视频和网站。有意思的是他还与居委会的大妈合作了创可贴8秧歌队。后来，媒体杂志也开始宣传他的店。尤其是上了《鲁豫有约》之后，很多人给店主打电话想买他的T恤，也有人想做批发零售。

4. 经营者

南锣鼓巷创意店铺的店员一般就是老板（经常在店里）或者其亲属，其中很多人热爱生活、喜欢创意、对艺术创作很感兴趣。

（1）选址原因

许多人选择在南锣鼓巷开店，是因为这里有深厚的老北京胡同文化，艺术氛围浓厚，同时又是潮流聚集地，客流量较大。老北京手工剪纸是一家4平方米左右的店铺，专营各种手工剪纸，最便宜的只要1元人民币。店主说南锣鼓巷游客多，外国人不少，剪纸是中国传统手艺，能吸引国内外的游客光顾。嫵Woo这家围巾专营店也是因为南锣鼓巷的文化底蕴与其围巾图案的中国意蕴相符合，因此在南锣鼓巷选址开店的。

（2）开店目的

大部分店主是抱着商业目的在南锣鼓巷开店的。北京卡片是一家专卖明信片的店铺，其明信片的图案多为北京的老照片。而这些老照片多是老板在丹麦等海外国家收购的，也有部分是在国内收购的。他们将这些照片重新复制，以每张5元人民币的价格出售来获取盈利。同时他们还代卖朋友从天津购买的中国传统年画制成的卡片。

但也有的店主开店是为了寻找一种自己喜欢的生活状态，或希望通过店铺向更多的人传播其对传统文化、时尚潮流及艺术的看法。乐天陶社店内的陶瓷多为手工制作，原创性很强。店主热爱陶艺并且有很强的艺术表现力，希望将自己的想法通过陶瓷制品表现出来，传递给喜爱他作品的人们。走进饰绝店铺，店主不招呼游客，而是在忙着制作自己的小玩意儿，顾客看中了某个产品，店主说了价格，不砍价，双方自愿买卖成交。有的老顾客会拿一些她们想要的图案让店主帮忙做，有时店主也会加进自己的创意在里面，她主要不是为了赚钱，而是以此结交更多有共同爱好的朋友。

5. 消费者

只有拥有广大而稳定的顾客群才能实现产品生产的良性循环。通过实地考察以及对店主、消费者的采访询问，我们了解到南锣鼓巷顾客的一些基本情况。

（1）年龄

南锣鼓巷特色创意店的顾客平均年龄在20岁到30岁左右，以年轻人为主。他们大都热爱生活与艺术，喜欢创意，充满活力。

（2）职业与身份

南锣鼓巷顾客有许多学生、自由职业者及普通职员，其中学生比重最大，其次为自由职业者。由于位置靠近中央戏剧学院，很多学生都是这里的常客。不少顾客是听朋友介绍或者从杂志上得知慕名而来，除此之外还有很多顾客是来南锣鼓巷旅游观光的游客。

（3）购物心理

深厚的历史传统与浓郁的艺术文化气息吸引着人们到这里购物游玩，其中最吸引人的，还是那些颇具特色的小店铺、创意工作室。

绝大部分消费者认为南锣鼓巷商品的优势在于创意独特，追随潮流。一位28岁的上海游客说，在这里的特色小店你可以看到各种充满创意和想象的小商品，不一定精致，但绝对是"限量制作"；而且这里的服务也很周到，店主或服务员会帮你挑选，推荐好的样式，但不会让人感觉到强买强卖。有的时候真的挑花了眼，弄乱了货架上的商品，他们也不会生气。

消费者普遍感觉，南锣鼓巷的店虽多为小店，但每个店都有自己的特色，很有自己的想法。在这里不仅可以买到心仪的手工艺品，欣赏音乐，品尝美味小吃，还可以交到很多朋友，分享生活的乐趣。

三、关于未来发展的建议

南锣鼓巷地处的鼓楼地区在历史上就是商贾云集之地，有着深厚的历史文化积淀，如今在政府政策的扶持下，南锣鼓巷已成为当代北京独具风格的一个创意空间。南锣鼓巷未来的发展仍需政府部门的大力支持。比如，政府可以通过市场交易行为，用财政支出在周边地区购买土地的使用权，建立文化特区，为创意产品提供创作环境。在文化特区中给予艺术家、创意人政策的扶持和法律的保护，如控制文化特区房屋租金的上涨，实行租金最高限价政策，给艺术家及创意人更大的生存空间；在周边建立商业区，为创意产品提供更多走向市场的机会；设立专门的部门管理特区，加强对文化特区的知识产权保护，打击商业盗版和盗用，维护艺术家、创意人的利益。

／卢　璐　赵文婕

"小荷才露尖尖角"

——北京地区格子铺调研报告

调研时间：2009年11月—2011年1月

调研地点：西单大悦城"疯果盒子"　南锣鼓巷"格子公社"

　　　　　西单新一代商场"魔方格调"

　　在世界经济快速发展的今天，创意已成为提高产品附加值的重要途径之一，创意产业正在世界范围内蓬勃发展。格子铺便是创意产品展示及营销的一种新兴模式，它以机动灵活的方式寄卖量少质精的小型日常生活创意产品。虽然它只是创意经济大潮中的一朵浪花，但通过它人们可以看到创意产业的生机与力量。

一、格子铺简介

一种新型的销售模式——格子铺正在成为时下最受欢迎的创业新方式之一。这种"格子铺"在闹市区或者市场租一个店面或摊位，租赁人在这个区域里装修出数十以至上百个或统一尺寸、或大小不一的格子，将其分别租给不同的租客并收取租金。

格子铺源于日本东京的一家大型商场，创办人是一位日本商人平井敏雄（ひらいとしお）。平井敏雄原本经营潮流玩物收藏品，在一次意外的代卖商品中引发了格子铺模式的开启。格子铺的理念于2005年冬季引入香港，在短短一年多的时间，在香港多间商场已发展到一百多家商铺。新潮的格子铺受到时尚年轻人和白领阶层的喜爱，经香港传入后，短短时间已经风靡我国各大城市。投资者只需每月支付几百元钱，就可以租用一个格子柜寄卖自己的物品，相当于拥有了一个自己的迷你实体店，而且不必自己经营，格子店的主人会代你经营看管，接待客人。作为一种新型的零售模式，格子铺的产品富于创意且价格优惠，而且可以解决产品所有者自己开店营销成本高、人手缺的难题。

眼下，"格子铺"这一销售模式在北京、广州、青岛、扬州等地迅速蔓延并流行开来，得到了许多"格友"和消费者的青睐，也吸引了一些创业者和投资者的关注。现如今，它已渐渐成为商铺出租、商品买卖、新型创业形式中可供选择的一种新形式。

二、北京地区格子铺现状

格子铺，一种类似于微缩商场的新型商品营销模式正在北京的繁华地段逐渐兴起。在这种商铺里放置着不同尺寸的格子柜，任何人每月只需支付少量的租金，就可以在格子中寄卖任何合法的物品。格子铺的铺主会请专业的销售人员代为看管销售，无需格主自己操劳。在这种新型的营销模式下，作为经营者的铺主和租格者的格主互利互惠，从而达到双赢的目的。

现如今，北京格子铺已经小具规模，经营趋于稳定且逐步上升。从2006年的寥寥数家到2010年在北京已经有50（含分店）多家格子铺，包括朝阳区10家、海淀区6家、西城区20家（其中西单15家）、东城区4家、崇文区3家、昌平2家，宣武、丰台、顺义、房山各1家。其中，连锁格子铺有2家、疯果盒子连锁店7家、格子公社手工创意市集连锁店6家（含即将开业的）。疯果盒子和格子公社还将分店分别发展到了南昌和天津。在这些格子铺里售卖的商品大部分属于原创产品或手工艺产品，格子铺也日益成为一种发展中的创意产品新型营销模式，并成为特定消费者购买时尚及创意商品的重要场所之一。

在此次调查中，共抽样调查了北京的三家格子铺，一家是位于西单大悦城的疯果盒子连锁销售店，另一家是位于南锣鼓巷的格子公社连锁销售店，第三家是位于西单新一代商场、独家经营的魔方格调。

1. 店铺模式

（1）疯果盒子（北京西单大悦城四层）

疯果盒子是一家全国连锁经营、以销售原创产品为主的品牌格子铺。其口号是"网罗创意，网住不一样的你"。曾举办过创意市集，拥有自己的下线品牌。此次调查的疯果盒子西单大悦城店位于西单中心地段，其面积为30平方米，大约有300个格子，大部分格子已经被租赁，还剩下30个左右的格子尚未租出。租金根据格子的位置与大小在280～800元之间不等，以月收取租金，每周结算。经营时间为每日10：00～22：00。疯果盒子将店铺分割成几百个独立的展卖单元，把每个单元以较为合理的价格租给格主。店铺的装饰风格温馨而高贵，给消费者营造了一个舒适的购物环境（图1）。

图1 疯果盒子店面

疯果盒子所在的大悦城坐落于繁华的西单北大街商圈,其定位为"中国真正的国际化青年城"，以年轻、时尚、国际化为经营理念，因此疯果盒子的产品类型要求必须是原创产品，商品种类以原创的手工制品、玩偶、装饰品及创意独特的小商品为主。疯果盒子已迅速成为时尚达人、流行先锋、潮流新贵休闲购物的经常光顾之地。

在疯果盒子西单大悦城店，格主的收益由于货源的不同从2000元到1万元不等，疯果盒子将从中收取25%的提成。

经实地调查访问，疯果盒子的消费群体以学生、蓝领白领金领等工作群体、时尚达人、网购消费者、潮流新贵等为主，也有部分中年消费者及旅游消费者。在调查中，有一位中年女性买了一条个性围巾，准备送给自己的亲友。疯果盒子的格主以高校在校生、自己手工制作的个体设计师、以同城经营为主的网上店家以及自己喜欢做一些手工制品的小商家为主。

（2）格子公社手工创意市集（南锣鼓巷91号）

格子公社手工创意市集店位于北京东城区南锣鼓巷91号，是一家全国连锁销售的品牌格子铺，以创意、品牌、连锁为基本营销理念（图4）。格子公社店面使用面积大约20多平方米，格子数量约200个。格子租金因位置、大小不同在200～360元之间，租金以月付的形式交付。营业时间为每日10：00～22：00。格子公社将大小不一的格子租赁给格主，要求寄售的产品必须有创意，租前要上交申请，不能与格子中已有的产品重复，以保证产品的个性、新颖和独特。

格子公社的装饰风格属于温馨可爱类型，它

图2 疯果盒子手机链
图3 疯果盒子零钱包
图4 格子公社橱窗

地处有着深厚老北京胡同文化的南锣鼓巷，艺术氛围浓厚，是潮流聚集地，客流量较大。在格子公社展售的产品以手工小商品、原创玩偶、装饰品、挂件、手工箱包为主，产品属于可爱有趣、富有创意的类型（图5）。格子公社已成为北京时尚年轻人的青睐之地。

图5 格子公社的玩偶

格子公社南锣鼓巷店月收益上万，格主因货源不同收入从500元到1万元不等，格子公社按15～22.5%提成，每周与格主进行结算。

经实地调查访问，格子公社的消费群体以在校大中学生、工作群体、旅游群体、网购爱好者、时尚达人等为主；格主则大部分以渴望创业的大学本科生、研究生，以同城经营为主、把格子铺当成同城商家交易中转站的网络商家，有渠道的都市白领、大公司的采购和销售代表、经常出差带回小礼物的出售者、爱好自己手工制作的设计师等。

（3）魔方格调格子实体店（北京西单新一代商城）

魔方格调格子实体店位于北京西城区西单新一代商城一层

048-2，其口号是"租个格子卖出创意，卖出个性"。魔方格调位于西单中心地段，店的使用面积比疯果盒子、格子公社略小，有15平方米左右，大概有150个格子，租金在180～640元不等，以月收取租金，每周结算。经营时间为10：00—21：00。格主可以寄卖日常用品，也可以是自己的创意产品。魔方格调中的产品以普通小型日常生活用品为主，创意产品为辅。商品种类以首饰、挂件、眼镜、钱包等小商品为主，也是时下北京年轻人喜爱的购物场所之一。

格子铺的装饰风格是简约商业型的，魔方格调所在的新一代商厦是隔断式小商品商场，商家繁多，样品齐全，客源丰富且流动性较大。魔方格调月收益上万，格主因货源不同收入从300～1万元不等。格子公社按5～12%提成。每周与格主进行结算。

经实地调查访问，魔方格调的消费群体以在校大中学生、工作群体、来京旅游群体、网购爱好者、时尚潮人等为主；格主则以渴望创业的大学生、研究生，在职工作人员，有闲置二手商品或者私藏品的人为主。

2. 产品类型及特点

在北京的各类格子铺里，潮流饰品、玩具玩偶、手工艺品、电子产品、礼品、服装鞋包、化妆品、文具等，种类繁多（图6）。总体来看，格子铺里的产品以饰品、文具、玩偶为多，占出售产品的70％左右。具有代表性的产品是那些有创意的手工制作、小批量的产品。这类产品的目标消费群体是都市年轻人，特别是都市年轻女孩子。

概括起来，北京格子铺的产品具有以下几个特点：

图6 格子铺的商品
图7 原创不织布胸针

第一，有创意，重原创。格子铺为格主提供了一个充分展示想象力和设计才能的平台，格主将自己的创意转化为商品。格子铺里营销的常常是个性化的时尚产品，这些产品富有创造性，往往是格主原创的宝贝，因此能吸引顾客的眼球。比如胸针、胸花是女孩子搭配衣服的常用饰品，格子铺中有一类胸针、胸花选用不织布为原材料，颜色鲜艳亮丽，令人赏心悦目（图7）。这些胸饰全为手工制作，造型多样，有可爱的花形、心形、星形或圆形，也有不规则的或抽象的样式。只要愿意，可以做得款款不同。一件普通的T恤，配上这些生动别致的胸针，顿时生色不少，是深受京城小女生喜爱的时尚个性小点缀。比起一般商场里那些闪闪发光、质地坚硬的金属胸针、胸花，这些产品更能释放和表达设计者、制作者的想象力和创造力，也更亲切随性。

第二，小批量手工制作。格子铺里最有代表性、最有人气的产品大多是手工制作的产品。这类具有创意的手工产品以新颖和个性为卖点，例如文具、玩偶、DIY首饰等。

深为年轻人喜欢的玩偶是格子铺创意产品中的一个重要类型。以格子铺中的一款黄色熊宝宝为例（图8），这款可爱动物玩偶是一款纯手工的袜子玩偶，用一只普通的袜子塞入棉花等软质填

充物塑成熊的形象。其设计风格憨厚可爱，天真而充满
喜剧效果。短小圆圆的躯体，Q而短的手脚，如圆豆豆
的耳朵，用黑线简洁地绣出它的鼻子和嘴巴，在它的大
脑袋上缝制了两个大纽扣作为眼睛，整体风格可爱、讨
喜，针脚布满玩偶，比起精致的机器产品，别有一种稚
拙可爱的气息。这类突出手工痕迹、做工甚至不乏粗糙
的产品，在格子铺里却深受消费者的喜爱。

第三，年轻化、时尚化。年轻化、时尚化是格子
铺产品的另一特点。格子铺的消费群体以时尚年轻人为
主，格主通常会针对年轻人，尤其是年轻女孩的趣味来
制作产品，饰品、钱包、服装等女性用品占据了大部分
格子市场。

饰品是年轻女孩喜欢的时尚潮品。耳饰、项链、
手链等饰品是格子铺销售产品的重要类型。这些饰品既
时尚潮流，又体现出一种童心、孩子气。例如有一种用
纸片做的耳环（图9），另类奇特，给人意外之感，很
为那些特立独行的年轻人喜爱；再如有一款原创手工七
彩心心木珠发簪，木质发簪上部的装饰有可爱的梅花、
小鱼等图式，都是具有年轻化、童稚化特征的可爱时尚
饰品。

图8　熊宝宝玩偶
图9　另类书籍耳环

第四，价格实惠，价廉物美。格子铺里的产品价
格小至几元，大到数百元。如一种纽扣发卡，制作简单
巧妙，仅需3～5元，属低档价格；前面提到的袜子黄色
熊宝宝价格在20～40元之间，算是中等价格；ugg雪地

靴，价格120～300元不等，还有一些大型玩偶、装饰器皿等商品价格相对较高。尽管格子铺里的商品价格高低不等，但总体来说价格是实惠的。

总体来说，与一般商场比较，格子铺中销售的产品更加具有趣味性，DIY产品较多，注重创意，时尚味道浓厚，深受年轻时尚人群的喜爱及流行先锋的青睐。

3. 格主身份及消费群体

（1）格主身份类型

格子铺的格主以各类年轻人为主，其中较为集中的有以下几类：

第一种，本来在网上开有网店的人。作为网店的补充形式，在格子铺租一格，这样就可以把自己的货寄卖在人流量巨大的城市商业中心里。对于许多货品，网上的图片展示不如实物展示来得真实可靠，对于首饰、衣帽一类的商品，要试过才知道合不合适。但如果网店店主要自己独立开实体店的话，铺租、装修、雇请人员等，投入资金较大。而如果在格子铺租格，就可以很少的投入取得展示自己商品的平台。一些以同城经营为主的网上店家，把自己的货品寄卖在格子铺里，把格子铺当成同城商家交易的中转站，免去了在同城交货跑来跑去的麻烦。

第二种，渴望创业的大学生，设计专业、艺术专业或其他专业的学生，拥有创造财富的激情和创业计划，却苦于资金、经验不足无法付诸实施，或无意自己开店、办公司，只想做一个自由的设计者、制作者，对于这些人格子铺无疑提供了很好的机会和实践平台。

第三种，测试产品市场反映的个体商家、设计师或公司。有一些设计师或公司把自己设计的产品在正式投入生产前，每个款式先生产一两件，把样板摆在格子铺里，测试市场和消费者的反映，及时收集市场和顾客的意见，这样在大规模生产前可以尽量完善。一些新成立的公司也会租用一两个格子，布置成迷你展示台，把小小的"格子柜"作为自己公司的形象展台。

第四种，有闲置二手商品或者私藏品的人，如一些都市白领、大公司的采购及销售代表，或其他有物美价廉进货渠道的人等，都可以通过格子铺的寄售将物品及时折现，也可以通过回收二手商品在租用的格子里出售，赚取中间的差价。

（2）消费者群体

在格子铺的消费者中，比较集中的有以下几类：

第一，学生群体。因为格子铺的成本较低，商品价格较为便宜，这成为格子铺吸引学生消费的重要因素。因此，来格子铺消费的许多人是囊中羞涩的学生，他们抱着能够淘到好货的心理，成为格子铺重要的消费群体之一。

第二，白领群体及追求时尚的年轻人。白领也是格子铺的消费群体之一，但一般不是那些高薪酬、高消费的白领，主要是刚出校门不久、刚入行的白领，还有那些追求时尚的各类年轻人。他们在格子铺寻找那些价格合理、设计新颖而另类的时尚小物品。

第三，网络购物者。那些喜欢网络购物的时尚年轻人，同时也希望有机会看到实物商品，因此，很多网店店主开了格子铺或在格子铺租格，可以让消费者去店里看样品，于是，网络购物者也成为格子铺的重要消费群体之一。格子铺作为实体店，方便同城交易，也起到宣传推广网店产品的作用。

第四，旅游群体。北京每年的旅游者人流巨大，相比学生有限的支付能力，旅游者更易为格子铺的各种新颖好玩的小玩意买单，因此，海内外的旅游者也是格子铺的目标顾客，比如南锣鼓巷中的格子铺就是国内外旅游者经常光顾之地。

4. 格子铺的开设与经营

近年来，格子铺受到越来越多各类消费者的关注，无论是学生群体、工作群体，还是网购爱好者及其他时尚人群，都非常喜欢到格子铺中购买自己喜欢的日常小物品，特别是那些有创意的产品，这给格主、铺主带来了巨大的商机和利益。作为一种新的创业形式，格子铺投入少，风险小，机动灵活，引发了不少创业者的兴趣。怎样才能成功开设和经营一家格子铺呢？通常要做到以下几点：

（1）开店资金准备

格子铺与普通商业网点不同，不需要自备资金备货，因此无需

图10 格子铺

准备进货资金，所要准备的主要是店面转让租赁以及装修所需的资金。在北京开一家地段稍好的格子铺，2万元转让费加上3个月约3万元的房租，再加3万元装修，8万元左右差不多就可以启动一个颇具规模的格子铺，如需扩大宣传则要多加一定的宣传费用。

（2）营业执照与纳税

开格子铺要与工商和税务部门打交道，其一是营业执照，其二是按时缴税。营业执照方面，应当按照一般店面的要求，办理商品销售执照，并尽可能申请多方面的经营范围，比如饰品、服装服饰、工艺品、文具、电子商品等，同时要及时缴纳相应的税款。

（3）开铺选址

选址是决定格子铺经营能否成功的首要因素之一。从铺主的角度来讲，选址和装修风格甚为重要，店铺一定要选在人流兴旺、交通便捷、年轻人白领经常聚集的地段，如学校、商业区周边等。

（4）规格大小适当

由于格子铺所经营的商品种类繁多，店铺面积太小会制约日后的经营与发展。从目前情况看，不少格子铺的面积多在10平方米左右，这样规模偏小，不利于格子铺的长久发展。

（5）经营策略

铺主应不断地改进经营管理方式，保证店铺又好又快地发展。例如，铺主主要负责格主产品的日常销售活动，仅销存记账一项就已经很复杂了，而不少铺主仍采用手工记账方式，这很容易导致账目混乱，一些商家利用格子铺管理软件有效改进了经营状态（图11）。

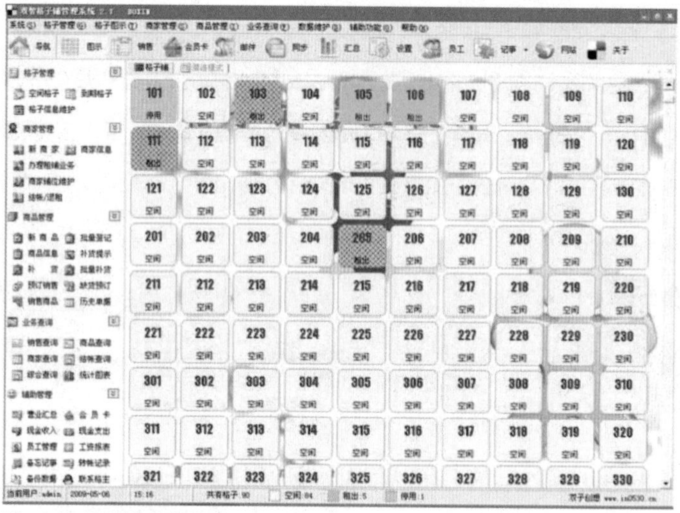

图11 格子铺管理软件截图

（6）产品销售

铺主和销售人员应把商品当成自己的商品来销售、经营，尽力使格主的产品顺利完成销售。销售人员应用心熟记每样商品的成本、用途、功效、使用说明等，商品出现任何问题应及时联系格主，按时提醒格主商品有效期限，尽可能杜绝商品过期浪费现象，缺货时要及时通知格主补货。

（7）避免商品同类化

铺主最好能够对商品进行筛选和分类，尽量减少产品的重复与雷同，避免商品"撞车"。这就要求格子铺应该有选择地进行招商，尽量让一些有特色、有潜力的格主入驻，以保证格子铺产品的创意特色。

（8）开设网店，吸引顾客

现在是信息社会，要注重网络宣传，通过网站宣传格子铺的经营理念和格子铺产品，扩展店铺的网络客户。格子铺与电子商务的结合使产品的推广功能更为强大。

总的来说，格子铺在营销方式上具有风险低、销售渠道多样、营销灵活等特点。对于铺主而言，仅需相对较少的投资，将十几平米的空间分割成大大小小、规格不同的小展橱，无须自己进货，每月按照格子的大小、位置的不同收取租金即可。市场中的格子铺通常有以下两种租赁模式：其一是租金高，铺主不从格主商品的销售额中提成；其二是租金低，但铺主要从格主商品销售收益中收取一定的提成。

网店销售、邮购营销都属于无店铺销售，是一种虚拟方式的销售，格子铺为这些受实体店限制的网店、邮购提供了一个可以同城交易的平台。对于格主而言，每月缴纳很少的租金便可获得展示自己商品的微型实体店。相比普通的商业网点而言，避免了独立开办店铺，租金、装潢、水电、税费以及人工等所带来的高费用、高风险及自己经营的麻烦。这样，格主的投资相对较少，同时不用自己经营售卖，由铺主或专业人员代卖即可。这种营销模式，对于格主来说，灵活方便、投入少，无需大规模资金的投入便可将产品直接投放市场，获得较为理想的收益。而格主在网上交易，提供邮购送货的同时又加强了实体店的宣传，虚拟店、实体店可相互促动。

格子铺的销售模式拓展和补充了既有的商品销售方式，给经营者带来了更多的商机。对铺主来说，格子铺灵活方便的经营销售模式，为初始创业者提供了机遇，同时降低了铺主投资与创业的风险。对格主来说，他们花小钱便可一尝当老板的乐趣。格子铺可谓是格主与铺主之间的双赢。同时，格子铺也给消费者更多的选择和乐趣，它符合现代人个性、时尚、便捷的购物观念。

三、北京格子铺的发展优势及存在的问题

北京格子铺无论在铺主招商、格主承租、货源充足、客户来源、消费群体多样化等方面，都拥有得天独厚的优势。格子铺已成为一种新兴而有潜力的商业运营模式，近年格子铺的发展呈现与日俱增的势头。

1. 发展优势

北京格子铺的发展具有以下几点优势：

第一，上货渠道多样。作为首都，北京各类货品批发市场多而精，可以满足各类格主的不同需要，便于格主广泛选择，精选上货。

第二，时尚氛围浓厚。北京作为经济、文化发达的大都市，一直走在时尚的前端，北京具有形成和培养创意产品格主的文化与时尚氛围。在北京的格主有机会接触大量的时尚商品，有利于启发、激活自己的创意，创造更多新颖时尚、吸引消费者的产品。

第三，消费群体多样，有利于销售。北京消费群体多而分布广泛，已经初步形成了认同格子理念、青睐格子消费的各类消费群体，格子产品正在吸引越来越多的消费者。

2. 存在的问题

尽管近年北京格子铺有着较快的发展，但要成功开办一家格子铺也并非易事。随着格子铺的遍地开花，也出现了一些问题。

第一，经营格子铺最易出现的问题是货品质量有时难以保证。一旦出现产品质量问题，一些不诚信的格主会借故拖延甚至"失踪"，产品的售后服务很难妥善解决，消费者面对店主和格主签定

的协议（出现质量问题由格主全部负责）无法要求店主赔偿，从而影响消费者对格子铺的印象，对格子铺的信任度降低。

第二，格子铺的管理在有些方面还不到位。格子铺商品种类繁多、数量较大，又是敞开式销售模式，顾客可以随心所欲地观摩、接触商品，因此，格子铺商品丢失的事件时有发生，因而已经有一些格子铺安装了监控设备，以加强管理。

第三，缺少称职导购员。格子铺里有数百个格子，陈列的产品或丰富或有创意，因此需要了解商品性能、特点的导购员为消费者答疑、讲解，而目前这样的导购人员还相对缺乏。

第四，商品同质化。在有的格子铺里商品同质化问题较为严重。有时在同一家店的不同格子里会出现相同的产品，影响了格子铺产品的丰富性、选择性。

在创意经济蓬勃发展的今天，无论在国内外，创意已经成为生产新产品、提高产品附加值的重要手段。格子铺作为一种新兴的产品营销模式，倡导和销售那些富于创意、以手工制作为主、小批量生产的小型日常生活产品，且有自己的产品供给群体与消费群体，在创意经济的大潮中找到了自己的定位与生存发展空间。"格子铺"这一专营小型创意日用产品的新兴营销模式，不仅仅是一种商业潮流和趋势，同时也是当代年轻人于日常生活之中坚持开拓与进取的现实写照。

／刘 宁

卡酷动漫　创意为王

——北京地区卡酷动漫店调研报告

调研时间：2010年5月—2011年2月

调研地点：卡酷旗舰店中关村店　卡酷全卡通特许零售NO.050店

一、北京卡酷卫视及其动漫衍生品店

1. 动漫产业链及动漫衍生品

　　动漫产业对现代社会有着广泛而深刻的经济文化渗透力，是现代社会的"无烟重工业"、21世纪的朝阳产业。动漫产业链是指以创意为核心动力，以动画、漫画为表现形式，以电影电视传播为拉动效应带动系列产品的开发—生产—出版—演出—播出—销售等形成的经济循环链条。其直接产品包含动漫图书、报刊、音像制品、舞台剧和基于现代信息传播技术手段的动漫新品种等，其间接产品包含与动漫形象有关的服装、玩具、电子游戏等衍生产品。

以成功的动画、漫画产品为龙头，拉动批发和营销，带动后续产品的开发，形成上下联动、左右衔接的产业延伸，特别是依托大量的衍生产品获取丰厚的利润是国外动漫产业的基本盈利模式。中国有广阔的动漫市场，各地都有动漫产业的发展计划，纷纷打造自己的"动漫之都"，以动漫内容为核心的产业链也正在逐步形成。在一次投入、多次产出的动漫产业链中，动漫衍生品是其中的一个重要方面。

动漫衍生品是指利用卡通动漫中的原创人物形象，经过专业动漫衍生品设计师的精心设计，所开发制造出的一系列可供售卖产品或服务，如书籍、游戏、玩具、模型、服装、饮料、文具等，还能以形象授权方式衍生到更广泛的领域，比如主题餐饮、漫画咖啡馆、主题公园等旅游产业及服务业等。

动漫衍生品是动漫产业链中的重要环节，由于动漫衍生品种类多，销量大，可谓一本万利。动漫产品本身有巨大的市场空间，而动漫衍生产品的市场空间更大。中国儿童食品每年的销售额为350亿元人民币，玩具每年的销售额为200亿元人民币，儿童服装每年的销售额达900亿元以上，儿童音像制品和各类儿童出版物每年的销售额达100亿元人民币。2010年，北京文化创意产业实现增加值1245.9亿元人民币，占全市地区生产总值的12.8%，成为仅次于金融业的第二大支柱产业，而动漫产业是北京文化创意产业中的一个重要组成部分，动漫衍生品是北京动漫产业链中一个有待进一步拓展的重要领域。

2. 北京卡酷动漫衍生品店

（1）北京卡酷卫视

北京卡酷动画卫视是国家广电总局批准的首家专业动画卫星频

道，于2004年9月在全国率先开播，覆盖长三角地区、珠三角地区、环渤海经济带、华中经济带等全国各大中城市，覆盖区域人口3.9亿。卡酷立足于北京，涵盖沿海，辐射全国，全天候24小时不间断播出，4～14岁核心受众收视份额在北京地区独占鳌头，全龄收视领跑全国动画少儿媒体，收视排名稳居全国40余家地方卫星频道前16位。

图1 卡酷Logo

北京卡酷动画卫视以"内容为王"，开设《中国制造》、《酷片酷映》、《周末超级大连播》等八大动画片剧场；打造《十分开心》、《闪天下》、《七色光》、《卡酷全卡通》、《漫话天下》等八档面向不同年龄观众的品牌栏目。北京卡酷动画卫视原创动画产量位居北京首位、全国第九，策划制作了《福娃奥运漫游记》、《中华五千年》、《快乐东西》、《秦时明月》等国产原创动画大片，赢得了亚洲电视奖、电影华表奖、电视金鹰奖、北京文化大奖、电视星光奖等众多奖项。目前拥有海量库存动画节目23万分钟。

（2）北京卡酷卫视动漫产业链

卡酷动漫产业链包括四个部分：原创动漫、播出平台、衍生品、终端（图2）。

第一个环节是原创，以原创树立品牌及动画片的知名度。

图2 卡酷动漫全产业链

第二个环节是播出平台，以播出平台进行品牌宣传，扩大影响力。

第三个环节在原创和播出的基础上，进行衍生品开发。

第四个环节是销售终端渠道。

"购买动画片—播出动画—获取广告收益"，这种国内一般动画频道的普遍盈利模式，在北京卡酷动画卫视公司仅成为其递进式产业链条当中的一个环节。北京卡酷卫视的多元经营与品牌互动产业平台整体结构，如图3。

北京卡酷动画卫视于2006年10月组建北京卡酷动画卫星频道有限公司。立足卡酷动画专业卫视媒体特性，紧紧围绕播出收视和动画原创两大工作核心，辅以衍生产品开发和销售渠道建设，打造卡酷动漫全产业链。其核心为通过加强落地覆盖、播出收视、节目制作等工作有效提升卫视媒体核心竞争力，在此基础上以营建全国儿童动漫娱乐消费市场终端全网为辅助，带动动漫产业上游动画制作

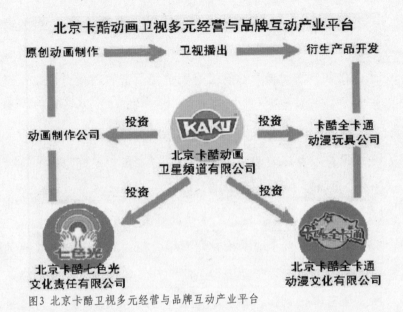

图3 北京卡酷卫视多元经营与品牌互动产业平台

和下游动漫衍生品开发及销售，充分发挥播出平台和原创动画的边际效应及衍生价值。

北京卡酷动画卫星频道有限公司为最大控股集团，它分别对北京卡酷七色光文化责任有限公司、北京卡酷全卡通动漫文化有限公司直接投资，在生产自主本土原创动画的环节上对一些国内动画制作公司进行投资，在动漫衍生品环节上对卡酷全卡通动漫玩具公司进行投资。

卡酷动漫整体产业链结构为：卡酷动画卫星频道有限公司进行国外动漫产品的引进，同时投资国内的动画制作公司进行本土动画的研发制作，通过北京卡酷动画卫视进行动漫产品的播出，卡酷全卡通动漫玩具公司进行国外动漫衍生品的引进和本土原创动漫衍生品的制作，北京卡酷全卡通动漫文化有限公司进行动漫衍生品的销售完成整体产业链。

卡酷动画卫星频道有限公司：北京卡酷动画卫星频道有限公司由北京电视台出资组建，2006年10月注册成立，注册资金4000万元。北京卡酷动画卫星频道有限公司负责管理运营北京卡酷动画卫视，下设管理中心、播出中心、制作中心、营运中心、企划中心五大中心，以及北京卡酷全卡通动漫文化有限公司和北京卡酷七色光文化有限责任公司两大子公司，分工负责不同形态业务，业务涉及动画原创、节目制作、节目播出、版权交易、品牌授权、演艺经纪、衍生产品研发、少儿艺术培训等多个方面。

北京卡酷全卡通动漫文化有限公司：北京卡酷全卡通动漫文化有限公司主要着力于动漫衍生品的开发与销售。北京卡酷全卡通动漫文化有限公司以"演绎卡通梦想 实现创意价值"为理念，积极开展授权业务，以品牌代理和动漫衍生产品的授权为主，以"为授权经营商提供最佳授权品牌形象与营销解决方案"为宗旨和目标，目前自有及代理品牌包括卡酷家族形象、卡酷自有动漫作品23万分钟、自主原创动画作品《晶能战记》、西班牙动画作品 *POCOYO* 等。

北京卡酷七色光文化有限责任公司：由北京卡酷动画卫视控股组建，于2007年12月20日正式成立。公司以帮助少年儿童开启成长之门、放飞艺术之梦为宗旨，依托北京卡酷动画卫视强大的播出平台，以儿童艺术教育及其外延为突破，倡导以儿童艺术教育提升儿童综合素质的理念，寻求儿童艺术教育产业链开发，积极探索建设中国儿童群体消费平台，实现企业的全方位影响。公司目前所属的北京电视台七色光艺术团、卡酷七色光少儿艺术培训中心都已成为全国知名的少儿文艺演出和儿童艺术培训品牌。

（3）卡酷旗舰店

《卡酷旗舰店》栏目

《卡酷旗舰店》是北京卡酷动画卫视全力打造的一档人气栏目，在2008年12月之前，卡酷旗舰店是卡酷动画卫视操作的一家虚拟店面，是展示公司自有品牌的主要窗口，前期主要靠来电咨询和邮购销售玩具。卡酷旗舰店作为国内首家电视媒体运营的专业连锁卖场，借助强大播出平台，将动漫成品引入终端卖场，直接面向儿童和青少年群体。卡酷旗舰店共会聚玩具、音像、图书、服装等各类动漫衍生产品近两万种，让孩子们尽兴畅游在动漫乐园之中，并倡导快乐参与、尽情体验的消费理念。由于国内缺乏像美国玩具反斗城，法国狮子头等知名度那么高的玩具连锁品牌，2009年北京卡酷动画卫视公司在北京开设实体店，打造本土品牌的玩具连锁店。

2008年12月15日卡酷旗舰店首家大型实体玩具卖场北京望京方恒购物中心开业，《卡酷旗舰店》栏目成为卡酷旗舰店实体店对外宣传的主要平台，消费者不仅通过栏目了解各种玩具（宣传产品）的资讯，还可以直接订购自己想要的玩具，足不出户即可完成商品的购买。这种新的电视消费模式打破了传统电视消费模式的僵硬古板及被动性。同时，对于旗舰店实体店的促销、活动可做灵活的动态新闻发布，实时更新。为拉动实体店人气，栏目在实体店内设立活动现场演播室，凡到店顾客均有机会现场参与节目录制。充分利用卫视主持人号召力，栏目每次活动安排卫视主持人直接进店，与现场观众及嘉宾零距离互动游戏。互动游戏则以月为单位，每月更新主题，充分体现游戏的机动性。

卡酷旗舰店及零售店

卡酷的思路是走"渠道为王"的路线，配合产品授权和开发，着力打造动漫产品旗舰店和特许零售店两大渠道，创建以总代理制为核心、以卡酷旗舰店和卡酷全卡通特许零售店为渠道的玩具运营市场垄断模式，将频道空中优势转化为衍生品的落地经营。

卡酷动漫衍生品大店全称是卡酷全卡通旗舰店，是卡酷自营，分布在一线城市，产品全，卡酷自开发产品、国内动漫衍生品、国际大品牌都有。卡酷动漫衍生品特许零售店主要分布在二三线城市，是大店的补充，品种少一些，以卡酷授权开发的动漫衍生产品以及其他潮流玩具为主。

卡酷旗舰店：卡酷旗舰店是基于北京卡酷卫视下《卡酷旗舰店》栏目的实体店面，目前已在全国开设了13家直营店，其中北京

图4 卡酷旗舰店全国分布情况图

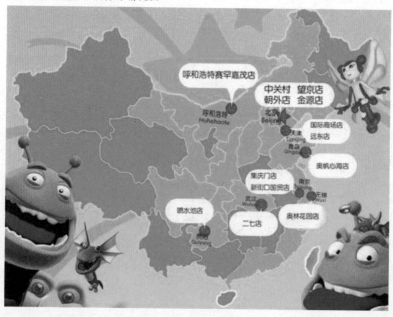

地区共有4家卡酷旗舰店，分别是北京望京店、朝外店、中关村店和金源店。京外店在天津、青岛、无锡、南京、昆明、重庆、贵阳等地也陆续开业，总营业面积达1.5万余平方米，超过了美国反斗城在中国的销售规模，成为国内最大的动漫衍生产品销售平台。

卡酷旗舰店以强势电视媒体作为平台，将动漫引入商场，面向儿童和青少年群体，建设集学习用品、儿童娱乐于一体的大型儿童动漫购物中心。在产品提供方面，卡酷旗舰店将根据动画片电视播出和宣传情况，配置最新最流行的玩具作为主力销售产品，同时引进一些国际及国内玩具品牌，满足多层次动漫消费需要。

卡酷全卡通特许零售店：卡酷全卡通总部按照国际通行的特许经营模式，以合同形式授权特许零售商使用卡酷全卡通的商标、商号、品牌和经营模式，总部负责玩具的配送，全国性统一营销广告活动，并提供持续性的经营指导。特许零售店根据店面面积每年向卡酷全卡通总部交纳特许权使用费，并负责特许零售店的日常管理，自主经营、自负盈亏。卡酷全卡通特许零售店目前在全国迅猛发展，其盈利模式比旗舰店更为清晰。

想要加盟一家卡酷特许零售店首先要有一个预选的店面，面积应在30～200平方米之间，卡酷根据申请人提供的相关资料进行评估，符合要求的申请人可以得到特许经营权。特许费根据店面的面积来收取：30～60平方米每年2万、60～110平方米每年2.5万、110～200平方米每年3.3万。店面装修形象为卡酷统一标准，店内所销售的货品均为卡酷动画卫视上介绍的玩具类产品以及最新上市的卡酷系列文具、书包，卡酷对特许商所进货的品类、数量、金额都没有任何限制，特许商可以按需进货。

卡酷授权产品包括：

1. 代理卡酷家族形象及海量动漫作品。包括卡酷家族成员2KAU、mini、小飞、全博士、蹦蹦、跳跳等。

2. 卡酷全卡通动漫文化有限公司全权代理北京卡酷动画卫星频道有限公司从1982年至2006年间制作的全部38部动画片的授权。拥有包括《福娃奥运漫游记》、《太空大冒险》、《卡酷天使历险记》等在内的海量库存动画节目23万分钟。

表1 卡酷旗舰店全国分布情况

	项目	Mini店 （30～60平方米）	蹦蹦跳跳标准店 （60～110平方米）	全博士店 （110～200平方米）
开店投资	特许金	2万元	2.5万元	3.3万元
	首批进货资金	8万元	12.5万元	20万元
	总投资额	10万元	15万元	23.3万元

3. 代理国外优秀动漫作品及品牌，现有西班牙经典动画作品*POCOYO*等。

二、北京卡酷动漫衍生品店调查

卡酷产业链的终端渠道被总结为"大小互补，高低结合"，是目前国内最大的玩具销售平台。此次调查中选取了两个调查对象，一个是卡酷动漫旗舰店中关村店，位于海淀区中关村大街15号中关村购物广场地下二层；一个是卡酷全卡通特许零售NO.050店，位于北京大兴区兴丰大街29号。

1. 销售商

北京卡酷旗舰店中关村店、卡酷全卡通特许零售NO.050的基本状况：

	零售店（加盟店）NO.050	旗舰店中关村店
开店时间	2008年11月	2009年5月
店铺面积	30～60平方米	1400平方米
员工	2人	24人
工资	1000元	1600（底薪）元
月收益	约2.2万元	约40万元

表2 零售店（加盟店）NO.050与中关村旗舰店概况表

店面积（平方米）	30～60	60～110	110～200
月特许费	0.17万	0.2万	0.27万
月销售额	8.8万	13.5万	22万
月毛利	4万	6万	10万
房租及人工	1.6万	3万	4万
月利润	2.2万	2.9万	5.7万
年利润	26万	35万	68万

表3 大、中、小型卡酷零售店概况表

2.产品

　　卡酷中关村旗舰店内囊括了日本万代、TAKARA TOMY、芭比娃娃、哈利·波特、风火轮、乐高、孩之宝等一线国际大牌动漫衍生品和奥迪、小白龙、龙昌等国内知名品牌的动漫衍生品。其中，

图5 中关村卡酷旗舰店

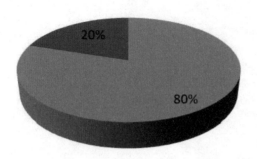

■国外产品 ■国内产品

图6 卡酷中关村旗舰店国外品牌产品与国内品牌产品比例示意图

国内品牌的产品在全体产品中占比重较小，国外品牌产品是产品组成的重点。这些国外品牌产品的价格从几十到上千元不等，原产地有加拿大、德国、丹麦、西班牙、韩国、日本、泰国等，但大部分是在中国生产的。

店内商品的价格高低不等，顾客有较充裕的选择范围。低价的商品如卡酷橡皮，售价仅为1.5元；高价商品是敢达模型玩具，即金属效果涂装变形金刚，售价1680元。在调查中还发现卡酷卫视自身的形象经过授权已经进入文具、箱包、食品、杂志等领域，合作方分别是宁波大达文具公司（美国迪斯尼公司的玩具生产商）、福建恒盛集团（奥运特许生产商）、美丹集团、《童趣》杂志社。在中关村旗舰店里，卡酷品牌的产品主要是文具、箱包，产品价格从1.5元到194元不等，其中，卡酷橡皮售价为1.5元、新概念绘画组合的价格是194元。新概念文具组合、DIY组合等是一段时间内的热销产品。作为文具类产品，该产品将铅笔、本子、橡皮等文具集合在一个小箱子里方便学生使用，同时，组合文具上的卡酷品牌形象也受到孩子们的喜爱。在以网络游戏"摩尔庄园"为人物原型的国产玩

图7 "摩尔庄园"玩具

具产品中（图7），最低价99元的是一款摩尔毛绒玩具，另一款叫"斯尔特姐姐的梦"的玩具售价299元，其材质以塑胶为主。

在卡酷中关村旗舰店中销售的卡酷品牌产品与其他品牌产品的比例图示如下：

卡酷作为国内动漫产业界的新秀，其发展还在起步阶段。从开发的产品看，已有多种类型与品种，一些产品造型较成功地对动漫原型进行了转化。

■卡酷品牌产品 ■其他品牌产品

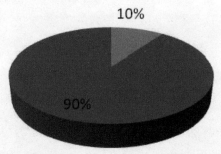

图8 中关村旗舰店卡酷品牌产品与其他品牌产品比例示意图

（1）种类较丰富。动漫产品依据用途可分为两大类：第一类是观赏、收藏的玩具类产品，一般包括手办（真正意义上的手办是指GK模型）、扭蛋、食玩、Tinibiz（又译"积木人"）、SuperDollfie

（即"SD娃娃"）等；第二类是具有实用性的生活用品周边，常见的包括服饰、文具、钱包、手机电脑配件、食品、书籍等。而卡酷动漫产品涵盖了可供娱乐、观赏、收藏的玩具类和实用类的产品。

（2）产品造型与动漫角色形象巧妙结合。卡酷产品利用动漫形象本身的特点来塑造产品的形态与功能，将动漫形象三维立体化，突出角色典型特征，具有独特的视觉效果，设计新颖巧妙，竞争力强，对动漫消费者有吸引力，能够唤起购买欲望。

3. 销售

在动漫衍生品的生产和流通中，卡酷既是生产者，也是代理商，还是批发商。作为生产者，卡酷以授权方式开发衍生品，如卡酷卫视自身形象的授权、卡酷原创作品形象的授权、代理版权的授权；在卡酷总公司与其下属的旗舰店、加盟店的关系中，卡酷既是代理商，同时也是批发商。会员卡是卡酷衍生品店的营销方式之一，顾客可无条件办理会员卡。持会员卡的顾客，可以参加活动期间的折扣价（8.8折、9.0折、9.5折等）。顾客还可以做积分，每支付1元得到1个积分，15个积分可以代替商品价格1元。

4. 消费者

就一般动漫衍生品和卡酷动漫衍生品的消费，我们做了网络问卷调查。（调查问卷见附录）在对卡酷产品的问卷调查中（顾客多为成年人）发现，顾客有较明确的购买目的。顾客中大部分是在了解了该品牌店后才有购买行为的，了解渠道主要是卡酷频道以及周围有过购买卡酷品牌经历的人。出于偶然原因购买产品的顾客也有一定比例。幼龄顾客一般为小学生以及初中生，他们都有很强的自主选购愿望，一般以卡酷台的热播节目为依据，或以同龄人购买经历为依据，自主选择产品。

从对一般动漫产品的问卷调查中了解到，青年人中了解动漫产品的比例较高，了解动漫产品的途径很多，如网络、电影电视、图书杂志、日用品、游戏、服装、玩具、食品、装饰品、文化用品、主题公园、游乐场等。在购买动漫产品时，人们主要关注产品的品牌、品质和设计，购买目的主要是作为个人爱好收藏或作为礼物。就动漫与个人生活的关系，在动漫爱好者看来，动漫是日常生活不可或缺的一部分，他们多倾向于购买美国、日本的动漫产品。而非动漫爱好者则认为动漫是可有可无的。喜欢动漫产品的消费者多选择去品牌店，而对动漫产品不甚了解的人倾向去一般玩具店或一般商场的玩具柜台。

三、卡酷动漫衍生品发展中存在的问题

卡酷动漫旗舰店及零售店在国内动漫衍生品领域是做得成规模和较规范的优秀例子。截至2009年，在全国已有超过6000家动漫企业，但从事动漫衍生品开发和设计的企业却较少，知名的不超过20家，这使得无论是国内的动漫衍生品还是卡酷动漫衍生品的发展都还存在一些不尽如人意之处。

1. 卡酷缺乏优秀原创动漫作品。动漫衍生品根源于成功的动漫作品，由于卡酷原创动漫作品较少，卡酷的动漫衍生品在它经营销售的产品中所占比例很小，而更多的是国际、国内的其他品牌。

2. 动漫产品受众低龄化。卡酷动漫产品消费受众指向4~14岁的低幼年龄层，动漫玩具也多为国内外儿童玩具。而在日本及西方一些国家，动漫已经成为一种包括成人消费者在内的"全民消费"产

业，大大扩充了市场的需求度和产品的受众群。我国动漫产业受众群体定位普遍偏向低龄化，缺少适合二三十岁人群的电动时尚、毛绒时尚、恐怖时尚、成人时尚、成人益智等衍生系列所针对的成人动漫爱好者的消费需求。而卡酷动漫产品及衍生品在这点上并未突破国产动漫产品的局限。

3. 卡酷在全国范围内影响力较小。通过问卷调查发现，卡酷的影响力仅限于北京，在外地很少有人知道卡酷。由于加盟费用较高，其实体店推广力度不够，其初期投资需20～30万元，要高于其他一些玩具店的加盟。

4. 相关服务不够完善。对于动漫衍生品，卡酷太过注重产品宣传，而对终端销售的具体问题关注不够，如卡酷全卡通零售店的销售人员没有经过专业培训，在加盟店相关服务上，多方显示其服务并不完善。卡酷动漫旗舰店主要侧重品牌的影响推广，销售主要依靠零售店，而零售店的产品在数量、质量上都不如旗舰店，产品类型较杂，产品质量也良莠不齐。

当今世界的资源有限而创意无限，动漫产业作为创意产业的核心领域正在成为世界各国的必争之地。在动漫及其衍生品的发展中卡酷已走在国内动漫的前列。卡酷所存在的问题，既需要着眼于卡酷自身来解决，同时也有赖于中国动漫整体环境的进一步改善。

／孙丽芳　何　桃

附录：

卡酷动漫产品网络问卷调查表

性别	职业
您的年龄段	10～12岁□ 12～25岁□ 25～40岁□ 40岁以上□
您的月收入	2000元以下□ 2001～4000元□ 4001～6000元□ 6000元以上□
您是动漫爱好者吗？	是□ 否□
您是否了解动漫产品？	是□ 否□
您了解动漫产品的途径	网络□ 电视□ 电影□ 图书□ 杂志□ 日用品□ 游戏□ 服装□ 玩具□ 食品□ 装饰品□ 文化用品□ 主题公园□ 游乐场□ 其他□----------
您的购买用途	个人爱好收藏□ 礼品□ 其他□----------
您注重动漫产品的	价格□ 品质□ 品牌□ 设计□ 其他□----------
是什么因素使您决定购买一件动漫产品 价格低廉□ 实用性强□ 创意独特□ 限量版发售□ 其他□	
您认为动漫在日常生活中 是必不可少的□ 是可有可无的□ 是完全不需要的□	您对动漫产品每月的投入 100元以下□ 101～500元□ 501～1000元□ 1000元以上□
您倾向于哪类动漫产品	中国原创□ 日本□ 美国□ 英国□ 其他□----------
您现有的动漫产品举例	
您最喜爱的动漫形象	
您认为中国动漫产品市场存在的问题	
您是否了解卡酷动漫产品？	是□ 否□
您有过购买卡酷动漫产品的经历吗？	有□ 无□
您周围的人有购买过卡酷动漫产品吗？	有□ 无□
若购买过，请问首选是	品牌店（如卡酷 蓝猫）□ 任意一家玩具店（非品牌或其他）□
若随意买通常去哪里买？	

创意火柴"火"起来

——北京地区创意火柴店调研报告

调研时间：2009年5月—2010年12月

调研地点： "火柴语录" 南锣鼓巷店 　 "火柴语录" 烟袋斜街店

　　　　　 "火柴世界" 烟袋斜街店

　　近年来，在北京的创意火柴专卖店以及各类特色产品店铺里，一只只小巧、精致而漂亮的创意火柴吸引着许多消费者驻足观赏、购买。随着社会的发展，与旧的生活方式相联系的传统火柴已走向衰落，而这些从传统火柴变身而出的创意火柴是怎样脱胎换骨，重返市场，并最终 "火" 了起来呢？

一、创意火柴的产生及发展

早在中国南北朝时期，人们将硫磺沾在小木棒上，借助于火种或火刀火石，能很方便地把"阴火"引发为"阳火"，这可视为最原始的火柴。现代意义上的火柴是由英国化学家J·沃克在1826年发明的。在一次偶然的机会中，沃克发现用砂皮纸摩擦氯化钾和硫化锑的混合物能产生火焰。他在1826年利用树胶和水制成了膏状的硫化锑和氯化钾，涂在火柴梗上并夹在砂纸上拉动便擦出火花。1827年，沃克出售了第一盒氯化钾和硫化锑做的火柴。当时每购买一盒火柴，免费奉送一块砂皮纸。早期火柴中的成分有毒，遇热容易自燃，很不安全。1852年经过瑞典人的改进，发明了安全火柴。安全火柴以磷和硫化合物为发火物，必须在涂上红磷的匣子上摩擦才能生火，安全程度提高。世界上第一家火柴厂即诞生于1833年的瑞典卑尔加城。

1865年，火柴传入中国，被称为"洋火"或"自来火"。当时的火柴为贡品，民间十分罕见，老百姓普遍采用土法取火，即用燧石敲击铁片，发出火星，燃烧纸媒取火。中国第一家火柴厂——巧明火柴厂，由旅日华侨卫省轩于1879年在佛山创办。自19世纪产生以来，火柴长期都是人们日常生活的必需品。

20世纪中期以后，随着打火机、电子打火器的普及，除了在特定地点如高档酒店中那些用材考究，做工包装精致的酒店火柴，普通火柴已渐渐淡出了人们的日常生活。到20世纪90年代，全国上规模的传统火柴企业已不足50家，全年销售额约为5000万元，一件火柴(1000盒)的利润平均0.7元，每小盒仅仅几厘钱，平均只有2.6%的利润，相较现代企业的高盈利能力，传统火柴业基本处于微利或无利状态。21世纪以来，一种不同于传统火柴的创意火柴，或称艺术火柴、个性火柴，开始在中国的市场陆续出现，并出现了一些创意火柴的品牌如"纯真年代"、"火焰神话"、"火柴天堂"等。曾经淡出而如今又重回人们视线的火柴已是旧貌换新颜。创意火柴最大的特点是把文化、艺术、时尚等元素融入到设计之中，这些经过改造的火柴色彩艳丽，制作精良，其实用功能已经淡化，成为一种集实用、观赏、收藏、礼品、旅游、纪念等功能于一身的创意新产品。由于主打文化、时尚牌，再加之"送财"的概念，创意火柴的价格远远高出传统火柴。据估计，2008年创意火柴市场的销售额约为5000万元，按照平均50%的纯利润率，有近2500万元的纯利，是传统火柴业的几百倍。

创意火柴最引人注目的部分就是火柴盒上的图片，这些图片或怀旧，或搞笑，或有资料性，都足以吸引人的眼球。作为世界上数量仅次于邮票的收藏品，传统火柴的火花（火柴盒上的贴画）这一小众市场给创意火柴以很大的启发。作为曾经最早生产火柴的国家之一，火花至今仍能为瑞典带来大量的外汇收入。据统计，瑞典每年出口的火花有上万种之多。近年来，创意火柴已成为在创意大潮的促推下涌现出的许许多多创意产品中虽然小却引人瞩目的一员，在中国各地的旅游景点、综合商业区、特色产品店都有着上佳的销售业绩。

二、北京地区创意火柴店概况

随着创意火柴在各地的兴起与发展，北京地区一些经营特色产品的店铺开始销售创意火柴，一些专营创意火柴的店铺也开始出现。创意火柴已成为北京创意产品市场中价廉物美、被消费者青睐的一个品种。

以下是我们对北京地区三家创意火柴专营店的实地调研，通过对它们的考察与分析，以期反映北京地区创意火柴特色店的产品特色、销售与经营境况以及经营者、消费者的情况。

我们共考察调研了北京的三家创意火柴专卖店以及其他一些销售多种特色产品其中也包括创意火柴的店铺。在调查的专卖店中，有两家是连锁店，其中一家名为"火柴语录"的专卖店分别开在南锣鼓巷（图1）和烟袋斜街，店里经销的创意火柴产品有六七个品牌。南锣鼓巷的火柴语录店大约有七八平方米，一个销售人员。其产品价格大多为10～20元不等，大部分是按套装销售，一般每套6～10盒，只有少数火柴可以单盒销售。通过调查得知：火柴语录的销

图1 火柴语录店

图2 创意火柴

售额随淡季、旺季而不同，每天200～2000元不等。店员的月工资在
1500元左右，包住宿。火柴语录新产品更新周期是一个月，每过一
个月会有新产品到货，过时的旧产品其价格会下调，比如从20元降
至10元。

地处烟袋斜街的火柴世界是另一家创意火柴专卖店。火柴世界
的创意火柴产品都是一个品牌，属于厂家直销，其销售价格低于火
柴语录，产品价格一般为10元一套。调查得知：旺季店铺销售额
最好时可达每天5000元。店铺销售人员的月工资为1500元左右，包
住宿。

另外还有一些经营多种产品的特色店也销售创意火柴，这些店
多开在旅游点、商业街区、艺术园区，如西单大悦城地下一层的创
意小店、798艺术园区的特色店、南锣鼓巷的创意小店等。这些店经
营的火柴品牌较多，代售情况较杂。

三、创意火柴的产品特色

在对北京烟袋斜街、南锣鼓巷的火柴语录以及烟袋斜街的火柴世界的调查中发现：不同的店铺在产品的类型、品牌、产品设计及销售上都有不少共同之处，大致概括为以下几个方面：

1. 创意火柴的设计

在北京火柴专卖店以及其他店铺出售的创意火柴，在材质、规格、造型、图案等方面都十分丰富多样。从造型看，创意火柴盒形设计不仅有传统的长方形，也有正方形、圆柱形、六棱柱形等多种规格造型；材质方面除了纸质外，还有覆膜、金属质等。火柴上的图案是最能体现创意火柴丰富性的部分，有人物系列的，从古代帝王、"二战"名将、新中国"十大元帅"等历史人物，到眼下的当红歌星、影视明星周杰伦、刘德华等；也有名著系列的，如《三国演义》、《水浒传》以及童话系列等；还有老电影及老电影海报系列、民国招贴画系列、"文革"时期宣传画系列、毛主席语录系列（图4），以及时尚名车、城市涂鸦、十二星座等等多种题材。这些图案不仅有怀旧的历史人物、事件，也有具有当代气息的时尚

图3 图4 创意火柴系列

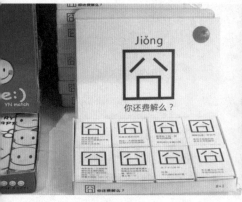

元素，如当下流行的卡通形象、搞笑形象，如兔斯基、喜羊羊、帅哥合格证、光棍证等。有一种剪纸图案系列的火柴很有特色，9×4cm的规格，远大于5.5×3.5cm的普通规格，盒身选用了质地厚硬的牛皮纸，图案不是通常的彩印，而是镂刻出凸凹的形象，而图案都选择了剪纸风格的形象，使这一系列的火柴显得简洁沉静，典雅大气。创意火柴的柴杆也有除了纯木色以外的其他颜色，火柴头的颜色更是五彩缤纷，赤橙黄绿青蓝紫，各种色彩都有。与传统火柴相比，创意火柴制作精致，方寸之间蕴涵着丰富的社会文化内涵。它将文化、艺术、历史、时尚等元素融入火柴的设计之中，使火柴远远超出了其原有的实用功能，集实用、观赏、收藏、旅游纪念、礼品等功能于一身，并赋予这一日常生活的老物件以时尚的现代气息。

2. 创意火柴的品牌

随着创意火柴的兴起与发展，出现了一些以不同主题、风格为特色的创意火柴品牌，如纯真年代、火焰神话、火柴天堂、有奈火柴、BIZU、彩虹、洋火堂等。

给自己的创意找到载体，通过富有创意的设计使老物品获得新的市场，是许多创意火柴品牌成功的重要因素。在这方面，纯真年代和火焰神话的创业经历都具有代表性。纯真年代和火焰神话的创始人沈子凯、杨华成都是属于那种希望"用创意和设计的手段，将生活中很普通的东西变成有趣好玩的产品"的人，他们在进入火柴行业之前都曾经营过自己的广告公司，也都由于偶然的机缘见到精致的艺术火柴而迅速投入这一市场。他们在火柴的设计中，运用了许多历史主题，有古代历史与人物主题、20世纪二三十年代民国人物和事件的主题、五六十年代的革命主题以及七八十年代的怀旧主题等。其中的革命主题与怀旧主题，直接运用20世纪五六十年代以及七十年代的宣传画作为素材，富有那个时代的浓厚气息，十分抢人眼球，成为创意火柴中的热卖类型。然而纯真年代和火焰神话的复古与怀旧是一种时尚化的复古与怀旧，是特定的创意与设计所选择的主题与视觉语言。

随着创意火柴的发展，市场上也出现了不少在主题与风格样式上十分相近的火柴产品，然而从长远看，只有那些真正在主题选择、风格样式上有自主设计及独家特色的产品品牌才更有未来的市场与前景。

图5 找死的兔子火柴系列

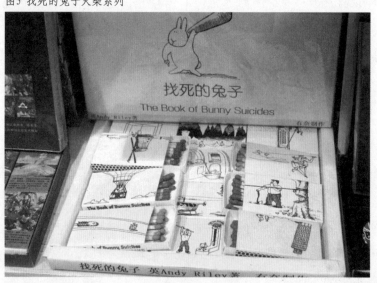

有奈火柴品牌具有制作高、中档火柴的历史和丰富的火柴制作经验，其生产的火柴是适用于各类宾馆、酒店、休闲娱乐场所、名烟酒企业产品推广的高档专用火柴。在火柴语录店中有一套有奈

火柴生产的主题为"一花一世界"的火柴，它打破了传统火柴的形态，火柴棒用纸做成莲花瓣的形状，六根火柴围成圈，组成一朵莲花，火柴头在花瓣的根部，中间是莲蓬状的纸，当花瓣中的火柴棒从莲蓬底部抽出，花瓣形状的火柴就会燃烧起来。这款火柴极具创意，将主题与实用功能水乳交融地结合起来，并以佛经中的"一花一世界"作为主题的题名，具有深远的文化意蕴。"一花一世界"在创意火柴设计中一枝独秀，与众不同。再如一些品牌注意使用最新的国内外影视作品的海报或镜头作为主题或素材，如火焰神话跟随热播的美国电视连续剧《越狱》而推出了印有《越狱》剧照的主题火柴，以保持火柴图案的常变常新。一些火柴实体店也开始自主开发新产品，如在烟袋斜街售卖的创意火柴中就有一套关于南锣鼓巷历史风光介绍的火柴。

3. 创意火柴与传统火柴

创意火柴在功能、材料和工艺上与传统火柴有很大的差别。在火柴的包装材质上，传统火柴使用便宜低档的油面纸，而创意火柴用的是白卡等高档纸张，还使用外盒覆膜等包装技术，有些火柴完全脱离了传统的纸质火柴盒，采用铁质的火柴筒（图6）。对于火柴本身的材料，创意火柴用的是2mm×2mm的东北精选小白杨，火柴头也比传统的要大，而且长短规格多样。创意火柴与传统火柴的最大区别在于超越了传统火柴单一的实用功能而具有观赏、收藏、纪念、礼品等多重功能，成为富有文化艺术内涵及时尚气息的创意产品。正如火焰神话的创始人杨华成所说："我们并非卖火柴，我们卖的是时尚元素，怀旧情怀，火柴只是目前我们物色到的一个载体而已。"

图6 创意火柴的铁质包装

四、创意火柴的营销

火柴的制造工艺已相当成熟，即便是创意火柴这种生产成本要比传统火柴高很多的高档火柴，技术上也没有太高的门槛，所以市场跟进者众多。尽管这是一个非主流的小市场，由于贴上了"艺术"和"创意"的标签，创意火柴的利润已远远超过传统火柴。但作为一个正在成长中的新兴产业，目前国内创意火柴市场的份额比重以及销售数额并没有权威的准确数据。

1. 产品经销

在北京的创意火柴专卖店中，火柴语录店中的产品来源于纯真年代、火焰神话、火柴天堂、有奈火柴等六个不同的火柴品牌，而北京火柴世界的产品都属于一个品牌，来源于安阳方舟礼品火柴，是厂家直销，这些火柴的供应商都是目前市场上比较有影响力的。香港的火柴天堂作为最早进入这一领域的品牌占领了最大的市场，火焰神话、纯真年代等产品则是近年创意火柴市场上十分活跃的品牌。在这些供应商中，有的更侧重时下风行的网络销售，如纯真年代目前90%的客户都来源于网络并通过网络沟通完成交易。在销售上以批发和连锁加盟作为主要发展方向，其上百个经销商遍布除西藏、新疆外的全国大多数地区。而有的供应商还是倾向于线下的推广方式，如拥有自己的火柴厂的火焰神话比较倾向于线下的推广方式，明星演唱会等活动营销是他们最为重要的推广方式之一，其经销商也已过百。此外，他们还为一些大的企业如凯迪拉克、中凯房地产等定制专用火柴。

实体店的经销商在经营上也下了很多功夫，如北京火柴专卖店的内外装潢布置以及店内幽默、诙谐的标语，比如"我不是个随便的男人，请您理解"、"做一个徘徊在牛A和牛C之间的人"……这些搞怪标语确实吸引了不少消费者的眼球。

目前，北京各店铺的创意火柴大多是成套销售，每套6～10盒不等，这样既有利于火柴主题的表现，也可大大提高产品的销售量和利润。创意火柴的售价虽然远远超出传统火柴，但比起其他的创意产品仍是物美价廉的。北京售卖的创意火柴价格较高的也就在每套50元左右，一般则在10～20元之间。火柴语录每套的价格在10～20元之间。也有一些单盒售卖的，一般也是10元起卖，10元可任选3～4盒。

2. 消费者

北京地区的创意火柴店主要集中在热门风景区和步行街，例如南锣鼓巷、烟袋斜街等这些具有历史文化蕴涵的地点。创意火柴的消费者并没有特定人群，由于火柴价格实惠，又时尚好玩，不少消费者买来作为礼品送人。因为在送礼文化中，送火柴即为送

"财"，创意火柴也就成为既实惠又讨巧的时尚礼品。因此消费者中有不少是旅游参观者，此外还有喜欢购买时尚玩品的年轻人。大多消费者购买创意火柴的动机不外是对火柴主题的时尚创意、怀旧元素、搞笑内容等感兴趣，或自己留做纪念、收藏，或作为礼品送人。从实地调查的情况看，大多消费者对创意火柴的心理接受价位在每套10元左右。

五、创意火柴发展中的问题与对策

近年来创意火柴虽然有着较快的发展，但在生产、经营中也出现了一些问题。

1. 产品创新的持续性

由于创意火柴在技术、资金上门槛较低，跟进者较多，出现了不少在主题、风格上互相照抄的"盗版"现象，如市面上畅销的"格瓦拉"等产品，许多品牌都有销售。这种不正当的竞争使生产商、经销商都处于不利的境地。创意火柴产品缺少创新的问题也较突出。虽然不少品牌承诺每个月推出新品，但大多产品是根据时下流行的影视剧、印刷品、流行语等直接照搬过来，而没有更多的创新，像前面提到的"一花一世界"那样在形态和使用方法上都有创新的产品还是很少。从调查中发现，虽然火柴外包装的主题内容十分丰富，但在造型、材质等方面却少有突破，基本没有离开传统火柴盒的概念。虽然有火柴棒的颜色、长短、粗细上的诸多细小变化，但少有整体上创新性的异形设计。创意火柴应有更开放的设计理念，不仅仅着眼于火柴，还可开发各种火柴造型的打火机、钥匙扣以及时尚玩品。

2. 市场与利润空间

创意火柴产品更新速度很快，例如，火柴语录一般每个月都会有新的产品，而旧产品就被列入10元的促销产品中。这样快速的产品更新，使一些经典的设计和主题产品不能保持和提升自身的价值。另外，创意火柴虽然在利润上较传统火柴好，但因是小众市场，难以做大。不少供应商开始在继续生产创意火柴之外扩展产品类型，如增加时尚个性烟缸、个性怀旧搪瓷杯、个性鼠标垫、艺术收藏扑克等。虽然对于生产商来说扩展了产品，增强了竞争力，但同时也减少了对创意火柴的关注与投入。也许提高创意火柴的艺术含量，改用更高规格、更时尚的材质，通过提高成本而最终提升利润空间，是一条创造更大市场与利润的路径。

在新的经济与消费环境中，怎样通过赋予既有的产品新的内涵与价值，使其成为符合当今消费理念的新产品，是许多人在思考的问题。创意火柴从传统火柴中脱颖而出，从仅有实用功能的日常生活物品到具有文化、艺术内涵的时尚玩品，其转型和突破模式非常值得借鉴。创意火柴的兴起与发展再一次证明了，无论旧产品、新产品，都应从新的经济、文化环境中汲取营养与灵感，创意可转化为市场价值，可使走向衰落的产品获得新的生命。

/ 冯璐 刘宁

娱乐经济中的神奇魔术

——北京地区魔术店调研报告

调研时间：2010年5月—2011年3月

调研地点：魔术大本营　麦吉柯魔术主题馆　台湾魔术中国旗舰店等

近年来，魔术作为一种大众娱乐方式被越来越多的人所接受和喜爱，随着央视春晚魔术表演的广受欢迎，全国掀起了空前的魔术热浪，神秘而时尚的魔术用品专营店也变得红火起来，成为时髦新潮的商业娱乐场所，加入到热火朝天的娱乐经济之中。

一、魔术与魔术店

魔术是能够产生特殊幻影的戏法。按规模可分为巨型魔术、中型魔术、小型魔术。按魔术表演形式还可分为近距离魔术（Close-Up），或称为近景魔术、沿桌表演魔术（Run Table或称Table Hopper）、街头魔术（Street Magic）、酒馆式魔术（Bar Magic）、舞台魔术（Stage Magic）、大型幻象魔术（Illusion）等。日常生活中表演的多属于近景魔术，魔术表演者近距离面对一个或数个观众做表演，需要有熟练的手法技巧，所用的道具多为日常生活用品，如钱币、扑克牌等。因为与观众面对面接触，观众常常可以触摸表演物，往往表演效果强烈。在正式演出场所表演的一般是舞台魔术，需要配合大型魔术道具、舞蹈、舞台灯光、音响演出（如有需要，舞台亦要经过特别改装）。从大卫·科波菲尔到哈利·波特，从舞台魔术到近景魔术，魔术接近平常百姓之后，才真正变得易学、好玩，适合即兴表演。

近年魔术的走红也使魔术店（Magic Shop）热闹起来。魔术店是以经营魔术道具以及各种魔术相关产品、活动为盈利目的的场所。魔术店在西方已有很长的历史，目前中国的许多城市都有规模大小不一的魔术店，而相对规模较大，有一定知名度，集表演、休闲娱乐为一体的魔术主题馆主要集中在一线城市，如北京、上海、广州、深圳、南京、天津等地。

二、北京地区魔术店现状

北京第一家魔术店——兰提魔术商店，于2001年7月开业，位于复兴门二七剧场对面，店主是魔术演员提买（图1），其父亲是著名魔术表演艺术家提曰立老师（图2）。提曰立老师从小拜陈亚南先生为师学魔术，1962年他独创了全场《魔术钓鱼》，其画中鱼复活、长杆钓大鱼、撒网捕鱼、断鱼复活、鱼美人等技巧受到了全国同行的注目，称为"鱼王提曰立"，在中国魔术史上具有重要地位。从1962年起，曾多次为毛泽东、刘少奇、周恩来等老一辈国家领导人及外国元首演出。

据不完全统计，北京的专业魔术店在几十家左右，但更替速度很快，成熟、成规模的魔术店寥寥无几。随着近几年魔术的流行，除了实体店铺迅速增加外，也有不少经营魔术道具的网店生意相当红火。北京地区的魔术店主要集中在各类商业娱乐中心，如北京西单、西直门附近区域以及东城、西城、宣武等中心市区，如魔法石魔术商店、黑桃A魔术店、兰提魔术商店、魔术大本营、麦吉柯魔术主题馆、台湾魔术中国旗舰店等。

图1 提买与魔术大师大卫·科波菲尔 / 图2 提曰立老师为英国王子查尔斯表演魔术钓鱼

1. 魔术店的选址

选址对魔术用品店很重要，北京的魔术店大多选在人流密集、年轻人聚集的地方，如大型电玩游艺场、电影院或商业中心等。

魔术大本营在北京共有五家店，选址分别位于西单77街文化

图3 麦吉柯魔术主题馆店内

广场、西单明珠商场一层、西单新一代商场一层、阜成门万通商厦二层、朝阳区万达广场。位于西单77街文化广场的魔术大本营77街旗舰店南倚长安街，与时代广场遥遥相望，北与中友百货一脉相连，东临图书大厦，西望中银大厦，是年轻人聚集购物的天堂之地。

　　麦吉柯魔术主题馆总部在上海，目前在北京共有两家店，分别位于西单大悦城八层和西直门嘉茂购物中心六层。西单大悦城坐落于繁华的西单北大街，定位于中国真正的国际化青年城，以年轻、时尚、国际化为理念，是现代大型Shopping Mall的杰出代表作。西直门嘉茂购物中心位于西直门立交桥西北角，占据着西直门商圈全新城市标志——西环广场的地下一层到六层。嘉茂购物中心以摩登、亲和力、时尚为理念，会聚了众多充满年轻、潮流、活力的时尚品牌，吸引了大量的年轻时尚人群。这些人气旺盛的商业中心为魔术店带来大量的潜在消费者。

2. 魔术店的投资

　　开一家魔术店面积无需过大，十几平方米起就可以了，现在北京魔术店的规模以30～50平米居多。租金不等，一般在商业中心规模稍大的魔术店每月租金大约1万元以上；店面稍小的一般是租用摊位的形式，租金在每月6000元左右。位于西单大悦城的麦吉柯魔术主题馆面积大约40平方米，月租金1.8万元左右(每年按10%递增)，物业费5000元/月。

　　魔术店需要配备1～2名员工，魔术店的员工不是普通人，而是专业魔术师，营业时向顾客展示魔术和推销产品。培养一名初级魔术师需要3个月左右时间，需一定的培训费用（培训班一期学费300元左右，教会10个魔术）。由于魔术师重在经验和资历，魔术店尽量避免魔术师频繁流动。魔术师的薪水通常每月每人2000元以上。

　　投资费用的一部分需要用来做店面装修，像麦吉柯这种酒吧式的魔术主题馆（图3），店内陈设比较讲究，有吧台、表演舞台、魔术道具展示区以及魔术揭秘区，这种规模的魔术店在店面装修上投入要稍大一些。普通的以展示魔术道具为主的魔术店，以黑桃A魔术店为例则不需要太多的装修投资，通常几千元就可以。为了对顾

图4 图5 人体穿风扇

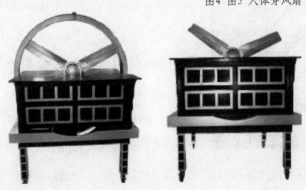

客产生吸引力，魔术店的装潢一般以新奇、神秘为特点。

商品的投资方面，一般的魔术道具进货成本很低，所以不需要太大的投入，一般一两万元就够了。店里售卖的魔术道具一般在1000元以下，但也有一些大型的舞台表演道具价格较高，有几千到上万不等。一般是专业魔术师预订，然后再从国外进货。如"人体穿风扇"（图4、图5）这种大型舞台道具，市场售价为1.2万元人民币。

3. 魔术用品

魔术用品属耐用消费品，可以反复使用，在一段时间内客户重复购买的几率几乎为零，所以，能够源源不断地推出新品上市，是魔术用品店持续经营、良性运转的根本条件。

魔术用品种类大体有必备道具、弹棒缩棒类道具、舞台变伞道具、近景魔术道具、扑克魔术道具、鸽子魔术道具、纸币魔术道具、硬币系列道具、手帕绸巾道具、火类节目道具、绳子魔术道具、花类魔术道具、液体魔术道具、互动搞笑类道具、特异功能类道具、心灵感应类道具、逃脱术类、大魔术道具、魔术玩具、整人玩具等。

魔术道具及效果示例：

（1）刘谦同款烤漆磁戒王（图6）

磁力戒指是一种小型魔术工具，可以用在不同

图6 刘谦同款烤漆磁戒
图7 高品质钢制银色缩棒

的魔术表演上。拥有这样一枚戒指便可用它表演出
许多魔术效果，也可以把它应用在不同的旧有魔术
中。凭借表演者丰富的创意和想象力，强力磁性戒
指的用途可以有无穷变化。据国外权威近景魔术专
家介绍，利用这种戒指能设计出上千套近景魔术节
目。

（2）高品质钢制银色缩棒（图7）

这种高品质钢制银色缩棒的魔术效果：

魔术师拿着一支魔术棒，一下子变成两条不同
颜色的大丝巾（不用任何遮掩）。

魔术师拿着一支魔术棒，一下子变成一条大丝
巾（不用任何遮掩）。

魔术师拿着一支魔术棒，一下子变得看不见了
（不用任何遮掩）。

（3）单车扑克三张（图8）

这种单车扑克三张的魔术效果：

观众选择的牌会在两张有洞的牌中瞬间出现。

（4）头部旋转机（图9、图10）

头部旋转机的魔术效果：

"受害者"把他的头放进一个小盒子里面，盒
子里面装有一个有格子的小盒子。两个盒子的前面
都是敞开的，所以"受害者"可以清楚地看见整个
过程。盒子里面很紧凑，没有空间用来旋转和摆动
头部。"受害者"的头部围绕着他的身体完全地旋

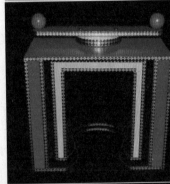

图8 单车扑克
图9 图10 头部旋转机

转几次，然后顺着相反的方向再旋转，然后回到原来的正常位置。观众可以在"受害者"头部旋转的时候看到"受害者"的脸。

从了解到的情况看，目前北京市场上基础必备类和一些小型道具是卖得较好的魔术道具。这些类型的道具在日常生活中使用较为广泛，价格也相对便宜，比如磁力戒指、扑克牌等。这些普通道具在国内就有专门的生产厂家，主要集中在浙江义乌、北京、深圳等地，一些大型的魔术道具则需从国外进口。

4. 魔术用品的价格及盈利

魔术用品的利润可观，零售和批发的价格相差很大，零售价格高，但进货的成本很低，使销售可以取得较大利润。例如扑克牌、套环等，成本往往只有几块钱甚至几毛钱，但市场价格却在几十元甚至上百元以上。

一般魔术店中最便宜的魔术道具如魔术皮筋（市场售价为0.5元），店内售价为10元一对，但附带教消费者三个小魔术。

一般魔术店中价格较高的魔术道具，如大型舞台道具——旋转漂浮的人，售价为2万元人民币。

魔术店的盈利通常在魔术道具零售、批发、魔术教学三个方面。魔术道具主要从国内以及国外的生产厂家订购，价格从十几元到几千元不等。道具的利润空间比较大，大概在500%左右。例如，魔术海绵成本价为3～5元，市场售价在30元左右。

以魔术大本营西单77街店为例，该店月流水约10万元，8名员工工资3万元，店租2万元，每月纯利润在4万元左右。店家还举办魔术培训班，培训班分为初、中、高级，学费分别为300元、500元、800元，还以会员卡的形式发展会员进行培训，这些月收入大概1万元。

5. 魔术店的营销

神秘、时尚的魔术店在时下的北京开得红红火火。因为奇妙、梦幻的魔术表演总是吸引着人们一窥魔术背后的秘密。而魔术用品的卖点在于：揭秘和创造神秘，将魔术作为生活中的一种娱乐消遣方式。

（1）买道具免费学魔术

魔术店店员在工作之前都要经过培训，以求达到表演技术的娴熟。在营业时间里，他们大部分时间都是在表演魔术，向顾客演示不同的魔术产品，因为魔术用品的销售主要是依靠表演引起顾客的兴趣。毕竟人人都有好奇心，顾客在观看时都在猜这些看似不可思议的幻象究竟是怎么来的呢？这样一来，往往就勾起顾客购买魔术道具、探寻秘密的欲望。如果顾客愿意购买并且想要弄清楚其中的奥妙，店员会将其请进一个帘子围起的临时空间，或带他到一个单独的房间里进行魔术解密，讲解此种魔术的原理并负责教顾客。顾客可以在店员的指导下学习一些基本的手法，这是不另外收费的。以一般人的学习能力，简单的魔术在一分钟之内可以学会，而相对比较专业的魔术大概需要5～10分钟。顾客也可以自己研究创新，自己进行魔术的DIY表演。

（2）培训班或办理会员卡

消费者也可以根据自己的喜好在魔术店办理会员卡或者报名参加该店的魔术培训班，培训班一般分为初级、中级、高级三类，魔术商店从中可以赚取更多的利润。魔术培训班不同于一般的培训班，消费者可以自己选择时间前来学习，随到随学，没有特定的时间限制，直到所有魔术学会为止。

魔术大本营的道具初级班300元，可以学会10个魔术，随到随学；手法初级班300元，能学10个手法。麦吉柯魔术主题馆的魔术班分道具和手法两种，道具初级班530元，教6～8种魔术，可以随时去，学会为止，随课程赠送道具。手法班主要拿平时生活中的东西变魔术，初级班400元，教5种手法，也是包会为止。

魔术店的会员卡并非一般在超市或商场办理的用来购物积分的会员卡，可以将之称为"学习卡"，比如，魔术大本营的一种学习卡是300元包学10个魔术，包学包会。如果忘记了，消费者可以随时到店内进行温习。有的魔术店的会员卡则是包学时，就是一定的金额等同于一定的魔术学习时间，比如200元包学19个小时。

不同的魔术店收费有差异。麦吉柯魔术主题馆地处西单大悦城以及西直门嘉茂购物中心，这些环境本身对消费者消费能力的要求就要高于西单77街、明珠商厦、华威大厦等地，再加上麦吉柯魔术馆将酒吧和魔术结合经营，店内有吧台、座椅以及各种酒水提供，环境舒适（图11、图12），和一般魔术店相比空间也比较大，"学费"自然比一般魔术店要高。以手法初级班为例，麦吉柯魔术主题馆不仅在学费上比魔术大本营高出100元，而且在手法的数量上也比

图11 图12 麦吉柯魔术主题馆内部环境

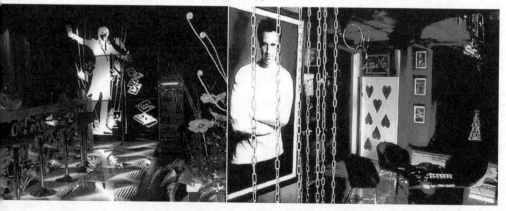

魔术大本营少5种。

　　魔术店的主要消费群体为年龄在20岁左右的年轻人，因为学费较高，麦吉柯魔术主题馆的顾客人数要少于一般魔术店，但来这里的顾客的消费能力要高于一般魔术店的顾客，他们来麦吉柯学习魔术要的是那里的氛围和情调，所以麦吉柯魔术主题馆的个体回报收益较高，盈利情况也是不错的。

6. 魔术店的消费人群

　　近年魔术店的顾客比较多，消费者多为魔术爱好者，其中以追逐时尚，年龄在20岁左右的年轻人为主。在这些年轻消费者中，又以男性消费者居多。特别是2009年央视春节晚会刘谦的表演更是引发了近景魔术热潮，使得想要学习魔术、购买魔术道具的人数大大增加。

　　第二次来学魔术、来自北师大的肖同学说："现在学会变刘谦的魔术多酷啊。我要再学几个魔术，回去变给朋友看！"

　　"这个硬币魔术练了很多次，我现在已经很熟练啦。我还在全班同学面前表演了呢。"晨晨自豪地说。11岁的晨晨是魔术大本营的小学员。陪他来学习的妈妈说："过年后发现他特别喜欢刘谦，喜欢魔术，我就带他来这里学。晨晨性格比较内向，学习魔术正好锻炼了他的表现能力。"

　　家住宣武门东大街的李大爷今年七十多岁，是魔术大本营学员中年纪比较大的一位。提到最初来学习的原因，他说："看了春晚，觉得有意思。后来听人说有学魔术的地方，我就来了。"李大爷的子女都在国外，老伴在三年前去世了，因此他每天都有大把的空闲时间。"以前没什么事干，打牌喝酒我都不喜欢。没想到这回迷上了魔术。我打算先学初级，再试试中级。"李大爷说。如今，一个简单的魔术，李大爷20分钟就可以学会。"别看我还不是魔术高手，可其中的奥秘已经让我觉得挺有乐趣了。"李大爷说。

三、魔术店发展中的问题

1. 短暂火爆还是持续发展

2009年以来魔术的流行带动了国内近景魔术用品的火爆销售。2009年春晚后，北京魔术店的收入普遍增加了2～3倍，学员增加了大约3倍，其中很多顾客点名要学刘谦的春晚魔术。随后刘谦的魔术全国巡演以及2010年春节晚会的再次表演，使近景魔术爱好者的人数不断增多。眼下的魔术热随着时间的流逝是否会逐渐降温，魔术店的生意是否会有持续稳定的发展，从长远看这些还都是未可知的。

2. 零售价与批发价

魔术用品零售和批发的价格相差较大，零售价格高，销售利润空间比较大，这是因为顾客除了买道具还要学习玩的方法，经营者出售的是自己的"魔术知识"，挣的是顾客的"学费"。魔术用品的技术含量越高，"学费"就越贵。但现在一些魔术解密在网络等媒体上不断出现，有些魔术的奥秘消费者已经不需要魔术道具经营者解密了。这样，消费者就不需要支付高额的"学费"，而想要购买魔术道具的人可以直接到批发市场等价格低的地方去购买。魔术店的生意便会受到相应的影响，营业额也随之降低。

因此，魔术店想保持生意兴隆，应更加注重表演的质量。经营者要在表演上多下功夫。魔术表演还需不断改进，因为表演的最终目的是唤起顾客的购买欲望，除了把表演变得更好看之外，还要在步骤、表演方式上下功夫，让顾客更容易接受。并且还要不断创新，不仅是魔术种类以及魔术道具的不断更新与创新，还要对经营模式做出切合自身的改革创新，以新东西、新形式吸引顾客。同时还要形成店铺自身的经营、管理风格。

四、魔术店的发展前景

魔术店的投资少、消耗成本低、利润空间大，在国内近年来低投高收创业项目中名列前茅，成为一些创业者的首选经营项目。国内魔术店正处于一个较好的发展阶段。

魔术用品不同于一般商品，消费过程实际包含购买商品和学习技术两个内容。它将魔术的技巧与表演直接转化为商品价值，且商品的普遍价位不是很高。消费者通过购买魔术用品，既知道了奥秘又学到了技术，在掌握魔术技巧之后，便可以轻松地在他人面前表演一些小魔术。由于这种较好的性价比，魔术用品正渐渐成为追逐时尚潮流的年轻人的新宠，而魔术商店也获得了快速发展的空间。

魔术店在美国、日本已经十分普及，中国香港和澳门也有，并且生意都不错。在国内，随着魔术表演的不断走俏，以及魔术爱好者数量的不断增多，魔术道具的市场空间会越来越大。尤其是近景魔术用品，因其使用起来比较简单，容易学习，表演形式也灵活多变，适合在个体间进行。由于近景魔术的可推广性、平民化特点，近景魔术用品应是北京未来魔术店发展的重要方面。

在未来的发展中，开辟更多的盈利途径与空间是魔术店拓展自身的重要途径。一些魔术店将魔术与其他行业结合经营，以此吸引消费者，提高营业额。如麦吉柯魔术店就将自身定义为魔术主题酒吧，以舒适优雅的店内环境，高品质的服务质量形成自身的特色。现在国内的很多公司和机构经常举办一些娱乐活动、促销活动，常常会邀请魔术师去表演，增添娱乐气氛，魔术店从中收取一定的出场费，也是魔术店增加收入的一个途径。魔术店还可以走出去与酒吧等娱乐场所的商家合作，对服务人员进行魔术培训并销售道具，扩展盈利空间。还可以在人流量大的地方开展现场活动，宣传产品并进行现场销售，提升人气，提高自身的知名度。

同时，魔术店还可以不定期地邀请一些国内外的著名魔术师到店内进行表演，与学员进行交流，以此保持并扩大消费者的数量。此外，魔术商店除了日常的店面销售外，还可以更好地利用网络媒体，开办网店增加销售。

／张晓蒙　郑婉琪

个性笔记本的"小协奏曲"

——小协奏曲创意文具店调研报告

调研时间：2010年5月—2011年2月

调研地点：交道口东大街小协奏曲文具店

一、小协奏曲：品牌与立意

小协奏曲（CONCERTINO）是一家主要销售各式创意笔记本的文具专营品牌，下属于北京小协奏曲创意生活用品有限公司。小协奏曲在东城区交道口东大街4-24号有一家实体店，主要经营笔记本、记事本、活页本、线圈本、万用手册及各类纸制工艺品。小协奏曲是国内价平质优、设计独特的文具品牌代表。目前在国内的销量非常好，已成为各方面都日趋完备的品牌：适中的价格，成熟的经营方式，务实的品质。小协奏曲把不起眼的笔记本做成了有创意、有想法、设计感强，让人爱不释手的时尚设计产品。

Concertino在法语中意为"小协奏曲"，店主是学服装设计出身，出于对产品设计的喜爱，她和朋友一起创立了这个品牌。"小协奏曲"的品牌名折射出产品蕴涵的文化艺术气息，给人们想象和诠释的空间。一些喜爱小协奏曲文具的人将其解释为"像音乐一样流淌"。CONCERTINO的产品正像一首小协奏曲，小巧、和谐而优美。小协奏曲讲究高雅的用物品位，其高格调并非仅仅流于形式，它倡导自由、随意、无拘无束的书写理念，代表了一种时尚、优雅而蕴藉的生活态度，它将个性、创意与想象赋予日常生活用品。

小协奏曲很少做宣传，表现得相当低调，没有广告，没有官方网站，也没有杜撰的关于本子文化的典故。与这种低调不同的是，在北京以及全国文具专卖店、时尚个性小店以及淘宝网店里，都可以见到小协奏曲的文具产品，且销量一直可圈可点。

二、产品分类与特点

气质高雅、制作精良、形式独特、品质优胜是小协奏曲产品的基本特色。

图1 小协奏曲笔记本专卖店 ／ 图2 小协奏曲笔记本

1. 笔记本

小协奏曲以高品质的创意笔记本为主打产品，以书籍设计的概念来做笔记本。从封皮的设计到内页的安排，再到材质的选取，整体装帧都相当讲究，每款本子的设计都有自己的个性风格，以款式的丰富和设计的独特突破了传统笔记本的理念。

小协奏曲的笔记本大体可分为便携式笔记本、精装硬壳本和"圣经本"等不同类型。笔记本内页多为白色，以方便使用者的随意记录和涂鸦。封皮图片大多选自经典绘画和摄影作品。封皮材质多为硬质纸，有些款式选用了意大利皮或其他皮质材料。装订采用立体装帧设计，结实耐用，美观大方。它是适合涂鸦、书写、绘画的高级时尚纸制品。

在小协奏曲的笔记本中，有一款很能体现小协奏曲风范的款型，是一种被称为"圣经本"的超厚型记事本，规格为 $17 \times 11.5 \times 2.3$cm，封皮为高级仿皮进口材料，有红、黑、棕三种颜色。内页为日本进口70克米黄色特级书写纸，可使油墨速干，书写顺畅。内页共368面（184张），页侧有烫金处理。除内页为白纸外，其他设计均与小协奏曲典籍类的书籍装帧设计相同，其线装胶订，可180度平铺的特点显示了它与众不同的专业性与高品位。另外，皮面"圣经本"还是附有硬壳纸外包装的唯一一款笔记本。

一些笔记本选取了文学名著的要素作为封皮装饰，如字典本系列的中号硬皮记事本，封皮印有On The Road（在路上）的字样，取自美国"二战"后"垮掉的一代"文学代表作家杰克·凯鲁亚克的小说名。"垮掉的一代"作家崇尚自由随性，他们生活简单、不修边幅，喜穿奇装异服，厌弃工作和学业，蔑视世俗陈规，讨厌机器文明，以浪迹天涯为乐。凯鲁亚克及他的《在路上》体现的是一种对传统的反叛，而小协奏曲的这款笔记本设计则更强调一种旅行和自由生活的感受。另一款型的金属色精装笔记本，封面上引用了英国作家哈代的*Far from the madding crowd*（《远离尘嚣》）以及美国名著*gone with the wind*（《飘》）为题。浓郁的经典文学气息使小协奏曲笔记本看起来就像一本本文艺书。

2. 书签

　　书签也是小协奏曲产品的一个特色类型。

　　手绘植物书签是小协奏曲最有代表性的一款书签（图3），规格为16.2×7.3cm，材质为330克的牛皮卡纸，圆角设计，全套共69张（不包括封皮张），以不同的手绘写实植物为图案，每张都没有重复。构图接近植物标本展示。在图案下方有此种植物的拉丁文学名标注，并可以按科属将书签划分成若干组。

　　炼金术和神秘学书签也是一套特色书签（图4），全套也是69张，图案是来自中世纪炼金术及神秘主义的资料插图，经过设计和处理后在色调和构图上都更加艺术化。选取独特文化资源作为产品的设计与包装元素是小协奏曲产品高质量的一个要素。

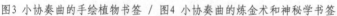

图3 小协奏曲的手绘植物书签 ／ 图4 小协奏曲的炼金术和神秘学书签

　　空白涂鸦书签是一款很好地体现了小协奏曲产品理念的书签（图5）。书签规格为17×4.5cm，材质为200克牛皮荷兰卡纸，有褐色、灰色、白色三种，全套64张。书签的纸面上留有大面积的空白，使用者可以在上面随意涂写，自由创作自己想要的图案。在这里，产品以一种未完成状态为消费者所购买，使用者将直接参与产品的创作过程，并成为产品完成状态的最终定义者。空白涂鸦书签强调的是DIY的理念，给使用者以一个创造性的空间。

图5 小协奏曲的空白涂鸦书签

3. 其他个性文具

　　除了笔记本、书签，小协奏曲还有笔袋、CD盘套、便签等多种类的个性文具，也都同样不拘一格，特色鲜明。有一款意大利皮质的卷筒式笔袋相较市面上的普通笔袋很好地体现了小协奏曲文具的气质及与众不同（图6、图7）。而各类CD盘套在印刷设计上也十分专业精致，在材料选择上也区别于一般同类产品，十分讲究。

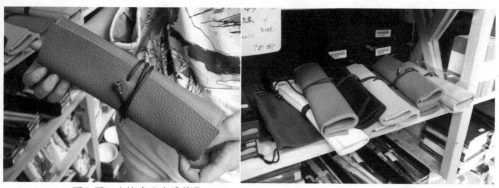

图6 图7 小协奏曲皮质笔袋

三、销售

1. 消费群体

　　小协奏曲店铺面积仅仅不到6平方米，但地理位置临近使馆区以及东直门商业区，街对面是北京22中，旁边与等待戈多咖啡厅为邻，占据地理环境的优势。我们在调查中发现，小协奏曲文具的主要消费群体有三类：学生、白领小资、外国人。这些消费者对创意文化用品鉴赏力高，购买力强。很多消费者的购买目的是用来作为礼品送人，体现了一种独特的礼品文化。笔记本是一个记忆的载体，小协奏曲笔记本设计精美，富有寓意，每一款本子在制作时都有自己的过程与故事，而在使用中又被赋予新的内涵。小协奏曲笔记本记录的不只是文字，还是一种如书一样的生活。

　　在小协奏曲文具的销售总量中，其店面销售比重较少，主要是由不同网店商家从小协奏曲批发之后再进行零售，网络销售占其销售总量的约80%。

2. 价格

　　根据调查，小协奏曲笔记本在价格上与市场上的同类产品相比价格偏高，但它的创意与特色赢得了喜欢它的消费群体。牛皮封皮随身笔记本价格在30～60元不等，厚度15厘米，圣经及书籍类笔记本价格在60元到120元不等，其他类小用品如牛皮笔袋、CD封套价格在100元左右。从调查中得知，一般消费者购买一件小协奏曲文具的心理接受价位在50元左右。小协奏曲文具外观精美，质量优良，价格虽高于市场同类产品，但物有所值，吸引了中高层消费者。

3. 与同类文具产品的比较

小协奏曲文具已经具有了品牌影响力，有好的口碑和忠实的消费群体，与国内同类文具产品相比，有自己的独特风格。

晨光文具是国内文具办公用品的龙头企业，产品涵盖各式笔类、书包、画材、橡皮泥、胶水、橡皮、尺类、修正工具、抄本等学生文具和办公文具。晨光文具追求满足消费需求前提下的高性价比，不是以牺牲品质为代价的"廉价"。晨光文具是大企业，有大市场，在中国每一城市都有其产品销售，与家乐福、沃尔玛、新华书店等大型卖家都有合作关系，产品还有国外市场。相比小协奏曲文具，晨光文具在产品上更传统规范（图8、图9），面对的是大众消费市场，而小协奏曲文具以创意、个性取胜，面对的是小众市场。

兴穆本本店是北京一家特色手工品店，主打产品也是各式笔记本。本子的封面和内页大多选用结实耐用的牛皮纸，颜色泛黄的牛皮纸使本子有一种古朴怀旧的味道（图10）。在装帧、装饰上使用了麻绳、麻布，体现了一种民间风格。店里本子的价格从5～200元不等，主要取决于规格大小和工艺。一般而言，制作中手工成分越

图8 图9 晨光文具笔记本
图10 兴穆手工笔记本

多，价格相应也越高。比如手绘的图案与套用的剪纸题材的图案价格自然不同。而选用牛皮做封皮的本子价格自然也更高。

兴穆本本店注重原创，突出手工特色，针对的也是小众市场。兴穆本本突出手工，崇尚自然、民间的风格，而小协奏曲文具制作精良，追求经典高雅的风格。虽然二者都注重原创，但风格迥异，虽然都走的是小众市场，但因不同的风格与美学趣味而有不同的消费者。

小协奏曲文具注重创意与设计，改变了笔记本的传统形象，使其成为一种富有艺术气质的设计产品。在未来的发展中，小协奏曲文具应扩大市场宣传，增加实体店面，设立品牌网站，开辟自己的网络销售。不仅有好的产品，还要有好的经营与推广，小协奏曲文具才能在未来的发展中阔步前行。

／ 刘 莹 刘嫣然

附录：
小协奏曲部分产品价格

规格	厚度	店面价格	网店价格（邮费自理）
8开圣经本	约5cm	120元/2本	55元~120元/本
32开随身笔记本（皮面）	约2cm	30~50cm	28~50元/本
16开书籍系列（内页长纹纸）	约3cm	60/本	55元/本
16开书籍系列（内页网格纸）	约3cm	60/本	55元/本
纯皮质地笔袋		250/个	245~265/个
植物系列套装书签（牛皮纸）		35（1）元/套（张）	32~37（0.5~1）元/套（张）
涂鸦系列套装书签（牛皮纸）		30元/套	25~30（0.5）元/套（张）

（以上价格仅供参考）

后　记

　　这本书是北京印刷学院学科与研究生教育项目"设计与北京文化创意产业"的部分成果，从完成的十几个调研报告中筛选了10个结集成书，报告考察调研的主要时间是从2009—2011年。

　　这个项目的研究试图将创意、设计、市场几个元素连接起来，了解设计服务在北京文化创意产业中的基本现状，认识设计在文化创意产业中的位置与作用，寻找和确认设计在北京文化创意产业中的发展空间与发展趋向，为设计学科加强与现实的联系、服务社会与北京文化创意产业提供最新的现状描述与专业调研；同时，通过这个项目的活动建立设计理论研究与设计社会实践、课堂教育与社会参与的桥梁，从而有利于设计学科立足于现实需求发展自身，从社会实践中寻找专业发展的内在动力。

　　参与这一项目的教师与学生共同参与并见证了北京文化创意产业的生长与发展，书中所关注的那些新事物、新现象体现了现实生活新鲜、有趣而富有活力的部分，这一项目的后续项目"北京地区创意市集研究"也已在进行中，我们希望以此与所有关注北京文化创意产业的人交流。当然，由于仍处于生长变化中的考察对象以及我们自身的不足，本书的研究尚存在诸多不尽人意之处，如对考察对象存在问题的分析及对策的建言，以及在现象梳理与理论提炼方面的相对偏弱，包括其他种种不足都真诚希望得到各位同仁、专家的指正。

　　在本书即将付印之际，在此对北京印刷学院研究生部对这一研究项目的大力支持，对所有参与研究的艺术设计学2008、2009级硕士研究生，对北京大学出版社，一并表示最真诚的感谢。

龚小凡

2012年5月8日于北京